余 秋 雨　著

给青少年的
中國文化課

① 了 解 这 些 难 题

北京联合出版公司
Beijing United Publishing Co.,Ltd.

作者近影。2019 年 11 月 21 日，马兰摄

中国当代文学家、美学家、史学家、探险家。

一九四六年八月生，浙江人。早在三十岁之前，就独自完成了《世界戏剧学》的宏大构架。至今三十余年，此书仍是这一领域的权威教材。

二十世纪八十年代中期，因三度全院民意测验皆位列第一，被推举为上海戏剧学院院长，并出任上海市中文专业教授评审组组长，兼艺术专业教授评审组组长。曾任复旦大学美学博士答辩委员会主席、南京大学戏剧博士答辩委员会主席。获"国家级突出贡献专家"、"上海十大高教精英"、"中国最值得尊敬的文化人物"等荣誉称号。

在担任高校领导职务六年之后，连续二十三次的辞职终于成功，开始孤身一人寻访中华文明被埋没的重要遗址。所写作品，往往一发表就哄传社会各界，既激发了对"集体文化身份"的确认，又开创了"文化大散文"的一代文体。

二十世纪末，冒着生命危险贴地穿越数万公里考察了巴比伦文明、克里特文明、希伯来文明、阿拉伯文明、印度文明、波斯文明等一系列重要的文化遗址。他是迄今全球唯一完成此举的人文学者，一路上对当代世界文明做出了全新思考和紧迫提醒，在海内外引起广泛关注。

他所写的大量书籍，长期位居全球华文书排行榜前列。在台湾，他囊括了白金作家奖、桂冠文学家奖、读书人最佳书奖等多个文学大奖。在大陆，多年来有不少报刊频频向全国不同年龄的读者调查"谁是你最喜爱的当代写作人"，他每一次都名列前茅。二〇一八年，他在网上开播中国文化史博士课程，尽管内容浩大深厚，收听人次却超过了六千万。

几十年来，他自外于一切社会团体和各种会议，不理会传媒间的种种谣言讹诈，集中全部精力，以独立知识分子的身份完成了"空间意义上的中国"、"时间意义上的中国"、"人格意义上的中国"、"哲思意义上的中国"、"审美意义上的中国"等重大专题的研究，相关著作多达五十余部，包括《老子通释》、《周易简释》、《佛典译释》等艰深的基础工程。联合国教科文组织、北京大学等机构一再为他颁奖，表彰他"把深入研究、亲临考察、有效传播三方面合于一体"，是"文采、学问、哲思、演讲皆臻高位的当代巨匠"。

自二十一世纪初开始，赴美国国会图书馆、联合国总部、哈佛大学、耶鲁大学、哥伦比亚大学等处演讲中国文化，反响巨大。二〇〇八年，上海市教育委员会颁授成立"余秋雨大师工作室";二〇一二年,中国艺术研究院设立"秋雨书院"。

二〇一八年,白先勇、高希均先生赴上海颁授奖匾,铭文为"余秋雨——华文世界最具影响力的一支笔"。

近年来,历任澳门科技大学人文艺术学院院长、香港凤凰卫视首席文化顾问、上海图书馆理事长。

(陈羽)

给青少年的信

为厚厚的《中国文化课》出一个"青少版",是一件快乐而又艰难的事。

快乐,是因为惊奇地得知,有大量小朋友花费整整一年时间,天天收听我在网上播出的这门课程。人们告诉我:"六千万人次,年龄从八岁到八十岁。"八岁是太小了,就说十几岁的吧,也让我高兴。因为讲述文化的最终意义,恰恰就是面对年青一代,而他们,迟早又会改写我们的课程。这是一个充满生命活力的动态结构,标志着中国文化的创新主调。我在讲课时曾反复表述一个观点:"中国文化是一条奔流不息的大江,而不是江边的枯藤、老树、昏鸦。"现在好了,有那么多年轻生命大踏步地加入文化课程,我看到了"奔流不息"的前景,当然快乐。

但是,快乐背后是艰难。因为中国文化时间长、体量大、分量重,要为年轻人提供一个恰当的入门图谱,很不容易。所谓"恰当的入门图谱",也就是要在历史坐标和国际坐标中分得清轻重,抓得住魂魄。这件事,我在给博士研究生讲课时已经反复思虑,但是那样的课程对青少年来说毕竟太复杂、太深奥了。这就像把一副沉重的担子压在稚嫩的肩膀上,实在于心不忍。

就说我那本根据网上课程整理而成的《中国文化课》吧，洋洋六百五十页，即使放在成人的书架上都显得太抢眼了，当然更比年轻人书包里的其他书籍厚得多、重得多。每次看到很多不认识的孩子捧着这么一本大书坐在屋子一角慢慢地读，我总觉得心中有愧。能不能让他们所捧持的书本变得更轻便一点儿？

——正是这个想法，形成了这个"青少版"。

这个版本为年轻读者进入中国文化，划分出了三个方面的课题，标题很轻松：

一、了解这些难题；

二、记住这些名字；

三、熟读这些作品。

这三个方面的划分，等于在一个学术迷宫中为年轻人开出了三扇方便之门，指引了三条简捷之路。其中的划分逻辑，也适合青少年的心理节奏，相信他们更乐于接受。

相比之下，第一方面的课程要艰深一点儿，其中包含着不少连文化长辈都不敢触碰的难题。我把这些难题放在最前面，不是吓唬你们，而是要用一种特殊的方式吸引你们。我相信，年轻人头脑单纯、干净，反而会使这些难题走向清晰。第二、第三方面的课题，是介绍中国文化的一些伟大创造者和他们的创造成果。我希望年轻读者对这些名字和这些作品从一开始就产生亲切感。你们在以后一定会了解更多的相关内容，但是唯有早年的亲切感，会滋润终生。

三个方面的课题分成三册出版，年轻读者可以选一册或两册来读，也可以把三册一一读完。在这之后再去啃我那部厚厚的《中国文化课》原本，就会方便得多。当然，也可以不再去啃。

我前面说了，不管是啃还是读，这门课程将来都会被你们改写。

最后，我还要感谢雕塑家吴为山先生。正是我在整理《中国文化课》的时候，应邀参观了他在国家博物馆举行的作品展，我看到其中有很多中国古代文化名人的塑像，就想作为插图收入书中。他一口答应，并立即请他夫人送来了塑像的照片。这次编青少年版，仍然采用了其中一部分。这也就可以让青少年读者看到，在文化上，古代和当代有可能产生如何美好的形象沟通。

余秋雨

于 2020 年 1 月

目 录

第一节
"文化"是什么

对于拿起这本书的年轻朋友，我要先说几句话。我不知道你年龄多大，十二岁，还是二十岁，在进入"文化"这座山的山门之前，希望能够先停下步子，远远眺望一下这座山的整体气貌、高度、体量，最好还要端详一下竖立在山门外面的路线指示地图。如果既不眺望也不端详，一头就扎进了山里边，只是埋头看着石级一步步往前走，那就可惜了，因为你不知道自己的汗水洒落在大山的哪一条筋脉上，更不知道如何和眼前的岩石林木对话。

山路很多、很陡，足以耗去你的大量精力，但是，即便耗尽了，你还是没有领略大山的魂魄。

这正是在你之前，很多年长的文化人所毕生承受的悲剧。他们一辈子都在讲文化，却不知道文化究竟是什么。

我希望你不要成为这样的爬山者。

"文化"究竟是什么？

在回答这个问题之前，我们首先要明白，这座山确实很重要，它注定是我们安身立命的地方，既是我们的出发地，又是我们的归落处。

你们早已是网络一代。因此，你们在知识、信息、表述、接受、游戏、消遣上，与世界各地的同龄人已经没有多少区别。但是，你们依然与远方的同龄人有很大差异，这差异，就在于文化。这种差异，在你们一生中会有很多变化，但不会完全消失，直至你们生命的结束。

这也就是说，文化，是我们生命的基座。

那么，它究竟是什么呢？

它是"名校学历"吗？

很多人认为是。但遗憾的是，中外历史上真正的文化创造者，都谈不上"名校学历"，其中不少人反而选择了中途辍学。中国现代一些像样的文化创造者，像齐白石、沈从文乃至鲁迅，都没有像样的"学历"。相反，无数拥有"名校学历"的人，却没有创造出什么令人注意的文化成果。

它是"遗产知识"吗？

现在，越来越多的人认为文化是古典诗词、文物古董、历史故事。可惜，有一个事实否定了这种看法。你看，很多的"跨国婚姻"最终离异，理由大多是"文化差异"，但细问之下，没有一对夫妻是因为背诵不出几首唐诗、鉴别不了几件玉器而结束婚姻的。可见，"文化差异"的要点，与"遗产知识"无关。

它是"历史记忆"吗？

历来人们热衷的文化，似乎都与记忆有关。一个人，如果能随口说出几个年号，记得几句古话，就算是很有文化了。一位教授，如果背得出汉代一场战争的死亡人数，说得出宋代一个学者的生卒年份，就有可能被尊为"学术泰斗"。但是，现在不是已经到了电脑、互联网、大数据、人工智能的时代吗？小孩子随手一按都能一清二楚的东西，为什么还要通过死记硬背来证明文化之所在？如果把记忆方面的事情交给当代科技，那文化还剩下什么？

有人说，我们提倡的"历史记忆"，是中国文化的千年教言。他们会用一些古代词语来概括，例如"刚健有为"、"自强不息"、"己所不欲，勿施于人"等。但是，这些词语如果翻译成外文，那么，在国外的历史文献、宗教话语中都能找到意思相近的词语。既然如此，我们怎么能够告诉世界，这是中国文化独有的精神内涵呢？

......

以上所说的每一项，其实都属于文化，却只是文化的部件，无法单独来概括文化的本性。要把握文化的本性，我们不能"瞎子摸象"，东捞一把，西捞一把，而应该回到科学思维上。

按照科学思维，世上万事万物都离不开定义。定义能用简明的语言，说明各种事物的本性，并把它们与其他事物区分开来。

文化，当然也需要寻找定义。自从英国学者泰勒开了个头之后，陆陆续续冒出来两百多个文化的定义。其实总数还要大得多，只是这两百多个比较像样，因而被留下来了。这些定义都很长，我全都仔仔细细看了一遍。结论是：你们都不要去看了，因为看了一定会头疼。美国学者洛厄尔说，为文化下定义，"就像用手去抓空气，你抓不到，但它又无处不在"。

中国的学者们也给文化下了很多定义，这里只介绍一下它们的汇总状态，那就是我们的大型辞书《辞海》为文化下的定义。这个定义很长：

文化，广义指人类在社会实践过程中所获得的物质、精神的生产能力和创造的物质、精神财富的总和。狭义指精神生产能力和精神产品，包括一切社会意识形式：自然科学、技术科学、社会意识形态。有时又专指教育、科学、文学、艺术、卫生、体育等方面的知识和设施。作为一种历史现象，文化的发展有历史的继承性；在阶级社会中，又具有阶级性，同时也具有民族性、地域性。不同民族、不同地域的文化又形成了人类文化的多样性。作为社会意识形态的文化，是一定社会的政治和经济的反映，同时又给予一定社会的政治和经济以巨大的影响。

这个定义，总共有二百一十七个汉字，又用了二十六个标点符号。我不知道大家听了，有什么印象。我的印象是：好像每句都对，但加在一起后，我更不知道文化是什么了。当然，也不知道天下有什么东西不是文化了。

我这么说，一点儿也不是为难《辞海》。我曾受邀出任《辞海》的"正版形象代表"，当然没有理由与它过不去。但是，这样的定义，实实在在反映了我们在人文科学上的严重困境。因为《辞海》的每一个条目，是长期以来这一领域研究成果的权威性总结。总结成这个样子，确实让人沮丧。

似乎什么都说了，却又什么都没有说，而且所有的句子都是那么空洞、重复、缠绕，丝毫找不到明快的判断，更找不到文字的吸引力。必须尽快结束这种状态了。文化那么重要，我们岂能让大家一进门就在定义的泥淖里挣扎得疲惫不堪、浑身泥巴？

因此，我们必须从这种泥淖中跳出来，洗去污浊，打起精神，为文化设计一个简明而又宏观的定义。

那就等年轻的朋友静一静心，等我下次给你们讲述。有点儿深，但你们只要稍稍用心，就一定能够听得明白。

第二节
最短的文化定义

很多年前，我制定了一个文化的定义，在香港凤凰卫视《秋雨时分》的栏目中公布，征求海内外学者的意见。多年下来，评价都很正面。因此，我可以把它在这个课程中当作正式教案了。

我为文化制定的定义，肯定是全世界几百个文化定义中最简短的，总共只有三十个汉字：文化，是一种成为习惯的精神价值和生活方式。它的最终成果，是集体人格。

对于这个最短的定义，我需要做一番解释。我前面提到的跨国婚姻的离异事件，就与我们的定义有关，可以作为解释这个定义的起点。例如，我知道一桩跨国婚姻的最初裂缝。男方是中国人，女方是美国人，两人是大学同学，在美国结的婚。女方并不苛刻，但实在不理解丈夫为什么每年清明节必须回家扫墓。工作很繁忙，并非长假期，路途那么远，何必年年回？但男方想的是，父母已年迈，亲族都看着，不能不回来。这中间，就触及了中国人的一个精神价值——亲情伦理；而每年重复，又成了一种生活方式。这两个方面，都是女方难以理解的。

举了这个实例，再读一下我的定义，就非常好懂了："文化，是一种成为习惯的精神价值和生活方式。"这对夫妻因"文化差异"而离婚，也就可以理解了。从这个实例延展开去，大家想一想，哪一种文化不牵涉到精神价值和生活方式？

从根源上说，我们遥远的祖先不管是择水而居还是狩猎为生，最开始都只是为了生活。当生活稳定成习惯，也就变成了生活方式，而"方式"就是文化。

在一定的生活方式中，人们会逐渐处置自己与天地的关系，与家族的关系，与他人的关系，那就出现了精神价值。精神价值一出现，文化就有了主心骨。

历史发展到今天，什么是中国文化？答案是中国人的精神价值和生活方式。例如，儒家伦理、诗词歌赋主要属于精神价值；几大菜系、中医中药主要属于生活方式。在中国文化的大盘子里，什么是山西文化？什么是上海文化？那就是山西人、上海人的精神价值和生活方式。再进一步，什么是八○后文化、九○后文化？是指不同年龄层的人的精神价值和生活方式。

很多文化人讲文化，却故意避开了文化的基本架构。他们对上，不问鼎精神高度；对下，又看不起衣食住行，一直在故作艰深的咬文嚼字中做着"小文化"、"死文化"。他们把文化大架构的一些边边角角拿来冒充文化的主干梁柱，使民众产生了极大的误会。我的文化定义，可以帮助他们重新出发，上精神之天，入生态之地，以新的活力创造新的文化。

现在要说下半句："它的最终成果，是集体人格。"

精神价值和生活方式经过长时间的沉淀，一定会结晶出一个东西来。这个东西，就是集体人格。

人格，指的是一个人的生命格调和行为规范。集体人格，是指一批人在生命格调和行为规范上的共同默契。这种共同默契不必订立，而是深入到潜意识之中，成为一种本能。

这个学术深度，最先是由大家熟悉的弗洛伊德创建的。他提出的"集体无意识"，已经打了一个基础。更重要的是，他的学生和对手荣格（Carl Gustav Jung，1875—1961），明确得出结论：一切文化最终都会沉淀为人格。荣格又说，对人类各民族而言，更重要的是集体人格。

荣格以歌德的作品《浮士德》为例，说明浮士德就是德意志民族集体人格的象征。这种集体人格是由文化沉淀出来的，早就存在，歌德只是把它写出来罢了。因此荣格讲了一句著名的话："不是歌德创造了浮士德，而是浮士德创造了歌德。"

在这里，荣格把"浮士德"当作一种集体人格的象征体。同样，中国文化的最后成果，也不是一大堆书，而是一大批人。也就是说，是中国人的集体人格。

荣格关于集体人格的说法，被一个比他小六岁的中国人听到了，那就是鲁迅。鲁迅也希望为中国人寻找集体人格，那时候他说的是"国民性"。他找到了一个"国民性"的象征体，那就是阿Q。除阿Q之外，鲁迅在《孔乙己》、《药》、《故事新编》等作品中，都在寻找"国民性"，也就是中国人的集体人格。在这一点上，中国现代作家中没有一个比得上他。

大家一定会说，鲁迅所寻找到的集体人格，都带有很大的负面性。确实，这也正是鲁迅对中国文化的严厉解剖。因为按照荣格的理论，阿Q、孔乙己正是中国文化沉淀出来的结晶体。鲁迅明白，改造国民性，提升阿Q、孔乙己等人所象征的集体人格，才是中国文化的出路。

鲁迅

　　说到这里，大家也就明白了我的文化定义所包含的三个关键词：精神价值、生活方式、集体人格。

　　作为组成文化含义的精神价值和生活方式，在早期时间顺序上，是生活方式在前，精神价值在后。但当精神价值一出现，文化就有了主心骨。文化定义的精华，是"集体人格"这个概念。它使文化找到了终极归结点，那就是人。

　　年轻的读者朋友们，把人作为文化的归结点，也就构成了一个重要组合，那就是"人文"。我们课程所说的文化，核心就是"人文"。这一点，中外高层文化思维几乎殊途同归。中国两千多年前的《周易》就说："文明以止，人文也"，"观乎人文，以化成天下"。欧洲文艺复兴时期为反对中世纪的神权和禁欲主义提出过人文主义。直到今天，"人文关怀"、"人文精神"、"以人为本"，仍然应该成为你们认识多种文化的终极指引。

第三节

神话：集体人格的"故乡"

我们已经明白，"集体人格"是文化的最终沉淀。但是，各种"集体人格"并不是形成于近代、现代，最早的种子，可能在神话中就播下了。每个古老的民族都有很多"大神话"和"小神话"，按照荣格的一个漂亮说法，正是神话，使得多种文化的"集体人格"都找得到"故乡"，成了"有故乡的灵魂"。

中国人的集体人格也是有"故乡"的。那"故乡"，首先来自神话，例如"女娲补天"、"精卫填海"、"夸父追日"、"嫦娥奔月"等等。每一个中国人的灵魂深处，都埋藏着这些遥远的"故乡"。

按照文化人类学的观念，传说和神话虽然虚无缥缈，却对一个民族非常重要，甚至可以成为一种历久不衰的"文化基因"。这在中华民族身上尤其明显，谁都知道，有关黄帝、炎帝、蚩尤的传说，决定了我们的身份；有关补天、填海、追日、奔月的传说，则决定了我们的气质。这两种传说，就文化而言，更重要的是后一种神话传说，因为它们为一个庞大的人种提供了鸿蒙的诗意。

在远古时代，神话是祖先们对于内心愿望的天真组建。这种组建的数量很大，其中如果有几种长期流传，那就证明它们契合了一个民族数代人的共同愿望。时间一长，也铸就了整个民族的性格。

中国古代的神话，我分为两大系列：一是宏伟创世型，二是悲壮牺牲型。

盘古开天、女娲补天、羿射九日，都属于宏伟创世型；而精卫填海、夸父追日、嫦娥奔月，则属于悲壮牺牲型。这中间，女娲补天、精卫填海、夸父追日、嫦娥奔月这四则神话，具有很高的审美价值，足以和世界上其他古文明中最优秀的神话媲美。

年轻的读者朋友们小时候一定听家长和老师讲过这些神话故事，但是我今天要提醒大家，这种神话故事和我们听过的其他故事很不一样。其他故事也许更有趣、更好听，但这些故事却隐藏着中国人的精神秘密。

因此，我希望年轻的读者朋友们面对这些熟悉的故事换一副严肃的心情，听我对它们做一番郑重的解释。

先说"补天"。主角是一位遥远而又伟大的女性：女娲。

在漫长的历史过程中，世道经常会走到崩溃的边缘。很多人面对天崩地裂的灾难，会逃奔、诅咒、互伤，但总有人会像女娲那样，站起来，伸手把天托住，并炼就五色石料，进行细心修补。要知道，看着已经濒于崩溃的世道快速灭绝而不去阻止，或落井下石，都不困难，而要炼石修补则难上加难。但在华夏土地上，请相信，一定会有这样的人站出来。

文明的秩序，并不是一旦创建就会永享太平，也不是一旦破裂就会全盘散架。天下是补出来的，世道也是补出来的。最好的救世者也就是最好的修补匠。

后代很多子孙，要么谋求改朝换代，要么试图造反夺权，虽然也有自己的理由，却常常把那些明明可以弥补、改良的天地砸得粉碎，一次次让社会付出惨重的代价。结果，人们看到，许多号称开天辟地的救世英雄，很可能是骚扰民生的破坏力量。他们为了让自己的破坏变得合理，总是竭力否定被破坏对象，甚至彻底批判试图补天的人物。久而久之，历史上就普及了一种破坏哲学，危害颇深。

面对这种情况，补天，也就变得更为艰难，又更为迫切。

但是，既然有过了女娲，那么，在华夏土地上，补天是基本逻辑。

再说"填海"。

这是华夏文明的又一种主干精神。小鸟精卫衔石填海的起点是复仇,但是复仇的动机太自我,支撑不了一个无限宏伟的行为。终于,这个神话的精神体量在传播的过程中越来越大,使之全然转化成了为人间消灾的高尚动机,产生了真正的伟大。

更重要的是,这个神话歌颂了一种任何人在有生之年看不到最终成果的行动。小鸟衔石填海,以日日夜夜的点点滴滴,挑战着无法想象的浩瀚和辽阔。一开始,人们或许会讥笑这种行为的无效和可笑,但总会在某一天突然醒悟,发现了一些更大的课题:在这样可歌可泣的生命投入中,最终成果还重要吗?而且,什么叫作最终成果?

海内外有不少学者十分强调华夏文明的实用性原则,我并不完全同意。大量事实证明,华夏文明更重视那种非科学、非实用的道义原则和意志原则,精卫填海的神话就是一个雄辩的例证。由此,还派生出了"滴水能穿石"、"铁杵磨成针"等相似的话语。这几乎成了中国民间的信仰:集合细小,集合时间,不计功利,终能成事。

如果说,类似于补天救世的大事不容易经常遇到,那么,类似于衔石填海这样的傻事则可能天天发生。把这两种精神加在一起，就是华夏文明能够在世界所有古文明中唯一没有中断和灭亡的原因之一。

再说"追日"。

一个强壮的男子因好奇而自设了一个使命：追赶太阳。这本是一个近乎疯狂的行为，却因为反映了中国人与太阳的关系而别具深意。

在"天人合一"的中国文化中，太阳和男子是平等的，因此在男子心中不存在强烈的敬畏。在流传下来的早期民谣中，不难发现人们与自然物对话、对峙、对抗的声音。这便是中国式的"人本精神"。

这位叫夸父的男子追日，是一场艰苦和兴奋的博弈。即便在博弈中付出生命代价，他也毫不在乎。追赶就是一切，追赶天地日月的神奇，追赶自己心中的疑问，追赶自身力量的底线。最后，他变作了一片桃林。

我想，不应该给这个神话染上太重的悲壮色彩。想想这位男子吧，追不着的太阳永在前方，扑不灭的自信永在心中，走不完的道路永在脚下。在这个过程中，天人之间构成了一种喜剧性、游戏性的互诱关系。这个过程也证明，"天人合一"未必是真正的合一，更多的是互相呼应。而且，很有可能永远也不能直接交集。以此类推，世间很多被视为"合一"的两方，其实都是一种永久的追逐。

最后，要说"奔月"。

一个叫嫦娥的柔雅女子投入了一次壮美的远行，远行的目标在天上，在月宫。这毕竟太远，因此这次远行也就是与人间诀别。

有趣的是，所有的人都可以抬头观月，随之也可以凭着想象欣赏这次远行。欣赏中有移情，有揣摩，有思念，让这次远行有了一种关及月下万民的心理背景。

"嫦娥应悔偷灵药，碧海青天夜夜心。"这"夜夜心"，是嫦娥的，也是万民的。于是，这则神话就把蓝天之美、月亮之美、女性之美、柔情之美、诀别之美、飞升之美、想象之美、思念之美、意境之美全都加在一起了，构成了一个"无限重叠型的美学范式"。

这个美学范式的终点是孤凄。但是，这是一种被万众共仰的孤凄，因此也不再是真正的孤凄。

也就是说，万众的眼、世人的嘴，能把最个人的行为变成群体行为，甚至把最隐秘的夜半出逃变成众目睽睽下的公开行程。

这一则奔月神话还典型地展现了中国文化的诗化风格。相比之下，世界上的其他文化所产生的神话往往更具有故事性。他们的神话中也会有诗意，却总是立即被太多的情节所填塞，诗意也就渐渐淡去。

请看，奔月，再加上前面说到的补天、填海、追日，仅仅这几个词语，就洋溢着最壮阔的诗意。而且，这种诗意是那么充满运动感，足以让每一个男子和女子都产生一种行为欲望，连身体手足都会兴奋起来。

这种最苍老又最不会衰老的诗意，已经植入每一个中国人身上。

第四节
文明的门槛

在享受古老的诗意之后，我们就要进入严肃的历史思维之中了。

中国文化，作为一种宏大的精神价值和生活方式，作为一个庞大人种的集体人格，究竟是什么时候产生，什么时候成形，什么时候跨进文明门槛的呢？在这些时候，世界上还有别的文化吗？它们是什么样子，在做什么？中国文化与它们相比，处于什么地位？

大家一听就知道，这些问题很遥远，因此一定是依稀朦胧，缺少实证，带有很多猜测成分的。怪不得，历来的很多考古学家都是诗人。

那些人从考古现场抬起头来，告诉我们一些判断。这些判断也容易被推翻，我们不着急，等他们继续慢慢发掘，慢慢协调，慢慢吵架。

现在大致可以说，对于尚未跨入文明门槛的中国，大概可以留下三个方面的朦胧印象。

第一印象，古代"中国人"的来源，分两拨：一拨是本土的，由直立人进化而来，时间应该是一百多万年前了；一拨是外来的，从考古 DNA 发现，有可能来自非洲，那应该是五六万年前的事了。过来的路线，先到中东，经过东南亚，再到中国这个地方。

第二印象，大概在两万年前，由血缘关系组成了相对固定的氏族集团。一万年前，由被动的采摘、狩猎，进入主动的农业种植。对于这个漫长的时期，后代常常用一些开天辟地的创世神话来描述，除了前面所讲的女娲，还有伏羲、盘古、有巢氏、燧人氏等美好形象。在这过程中，渐渐进入定居的生活，有过一段人人平等、共同消费的"大同"形态。后来由于贫富分化、战争掠夺，氏族渐渐联合成部落，产生了部落首长。

第三印象，部落首长带领民众，保护民众，又受到民众的崇拜。中国没有像世界其他古文明那样长期由祭司们来执掌外力崇拜，而只是投入现世崇拜，崇拜那些确实存在于大地上的部落首长。崇拜需要有美好的传说，因此从五千年前开始，进入了以传说来崇拜部落首长的时代。这些被崇拜的部落首长，确实都是既有责任心，又有创造力的杰出人物，如黄帝、炎帝、尧、舜、禹。其中还有一个蚩尤，曾经被污名化，其实也顶天立地。因此，历史上所说的"传说时代"并不虚无缥缈，而是有几个伟大的现世领袖把中华民族带向了文明的门槛前面。这个时代经历了大概八百年，是一个让后代每次回想都心存敬仰的时代。

正是这八百年，让几千年后这片土地上的民众都把自己称为"炎黄子孙"。

我有幸，应炎帝归息地湖南株洲之邀，为炎帝陵纪念塔书写碑文；又应黄帝出生地河南新郑之邀，连续多年担任"黄帝文化国际论坛"主席。两位五千年前的伟大王者，至今还在被隆重纪念，而且年年纪念，我实在为我们这个民族感到骄傲。

其实，炎帝与黄帝之间也发生过战争。炎帝是一个深接地气的农业科学家，打不过骑在马上更有未来意识的黄帝。历史上的战争，并不都是发生在正反两面，极有可能是伟大与伟大的对阵，炎黄之战就是最经典的例证。黄帝与蚩尤也打过，但是不管哪一方，都对中华民族做出了巨大贡献。

文明的起跑，非常重要。炎帝、黄帝和其他王者所带领的文明起跑，决定了奔跑的方向、方式、力度，然后在尧、舜、禹的接力下，中国人终于跨越了文明的历史门槛。

跨越的时间，应该是四千二百年前。大家算一算，炎帝、黄帝出现在五千年前，一代代经过八百年"传说时代"的热身和起跑，正好来到四千二百年前，也就是公元前二十一世纪。这很好记，因为我们现在是二十一世纪，一前一后都是二十一世纪，好像一张纸对折了一下。

公元前二十一世纪，正是中国朝代纪元的一个重要起点，也是夏朝的开始。夏朝的具体情况，我们期待着更多的考古发现，但心里却已明白，门槛在哪里。

跨越文明的门槛，是一件真正的大事。跨越没跨越，有几项全世界公认的入场标准。对此，我需要简单介绍一下。

跨越门槛的第一个标准，是看有没有青铜器。青铜器，在人类发展中处于重要地位。人之为人，使用工具是关键，而由石器工具上升为金属工具，是文明程度的一大飞跃。先是用红铜，后来发现在红铜中加锡而成的青铜，能大大提高硬度，熔炼出优质的工具和武器，于是就得到了广泛使用。从埃及、两河流域和印度河流域的考古来看，一切古文明都经历过"青铜时代"。而中国，在公元前二十一世纪进入夏朝时，就拥有了青铜器，而且越来越精美。

跨越门槛的第二个标准，是看有没有比较成形的制度。中国到夏朝，出现了世袭分封制的国家形态，形成了崇拜祖先、遵守等级的礼制雏形。

跨越门槛的第三个标准，是看有没有创造文字。世界上也有一些族群长久没有文字，但对中国这么一个庞大的文化实体来说却不能没有。中国在夏朝建立之前四百年就已经有了文字，到了夏朝，已经有了比较完整的甲骨文。

这三个标准，中国在四千二百年前都已具备，因此，跨越发生了，门槛进入了。中国文化，就此正式进入文明史。

这个门槛，是一个重大的分水岭。

对此，我可以做一个小小的对比。我的家乡是浙江余姚，那里有一个著名的河姆渡遗址，那是我们祖先最早种植水稻的地方之一，已有七千年历史。水稻当然很重要，但人们在那里没有见到青铜器和文字的遗迹，制度也不可考，因此只能算是"史前文化"，也就是跨越门槛之前的文化。正是在河姆渡之后的两千年，炎帝、黄帝开始引领祖先们起跑。

第五节
我们排第几？

中国文化终于跨越了。我们不能不问，中国的跨越，在全世界是第几名？

很多年轻朋友天真地希望在古代世界，什么都是中国第一，更何况是跨越文明门槛这样的排名。但是很遗憾，中国肯定不是第一，也不是第二。是不是第三，还有待商榷。

第一名、第二名是谁？是巴比伦文化和埃及文化。它们两个由谁排在前面，国际学术界观点不一。我经过比较和犹豫，选了巴比伦第一，埃及紧随其后。这两种文化跨越的时间比较靠近，都比中国文化早了一千多年。

巴比伦文化，也可以从地理方位上称之为美索不达米亚文化，即两河文化。哪两条河？幼发拉底河、底格里斯河。这是最早流入小学历史课本的河。在中国文化跨越文明门槛之前，这里已经创造了楔形文字，建立了城邦，制定了法典，发明了耕犁，冶炼了青铜，甚至已经开始研究数学和天文学。

尼罗河边的埃及文化也跨越得早。在中国文化跨越门槛的一千年前，上埃及和下埃及获得了统一，以国家形态建立了法老专制，创造了象形文字，然后一步步建造了至今仍震撼人心的金字塔、女王殿、帝王谷和太阳神庙。

印度文化也可以称作两河文化，指的是印度河和恒河。就早期而言，印度河更重要。这种文化的成熟期，应该与中国文化差不多，都在巴比伦文化和埃及文化的千年之后。因此，谁是第三名，谁是第四名，常常很难定夺。但是，自从我在二十世纪末的一天深夜，冒险穿过辽阔的恐怖主义地区，来到巴基斯坦信德省的摩亨佐－达罗（Mohenjo-daro）遗址，想法变了。早在中国文化跨越门槛之前，那里居然有了相当完整的城市设施，连排水系统、浴池、会议厅、防御塔，都一应俱全，也有了青铜器和纺织业。

当然，中国文化的遗址，特别是跨越文明门槛前后的遗址，还在被不断发掘出来，我只要一听到信息就会赶过去实地考察。但到目前，我还是把中国文化跨越门槛的时间，放在第四位。

第四位就第四位吧，而我又要紧接着论定：唯有这第四位，不间断地延续到今天。

对于这个论定，我曾以生命进行体验。我冒险贴地穿行数万公里的恐怖荒原，亲自考察其他三大古文化的现场遗留，来感知各种不同的湮灭状态和中断状态。

先说我考察的第一种古文化——巴比伦文化。

这个人类古文明的第一胜地，是一个永久的战场。战争哪儿都会有，但是这个地方却不一样，一马平川，水草丰美，土地肥沃，似乎每时每刻都在吸引着一切掠夺者和征服者的目光。因此，这里永远是战马奔腾、杀声震天。更麻烦的是，这片诱人的土地缺少地理纵深，缺少回旋余地，缺少山川障碍，因此在频繁的战乱中就很难保存文化了。它的文字、法典、耕犁、数学，以及城邦，一次次被踩在马蹄之下。有的入侵者生怕当地人保存文化记忆，还会挖开大河的堤岸来一次次冲刷。那两条大河，即使不挖开堤岸也会经常洪水泛滥，成为战争的帮凶。因此，那儿从古到今，都充满着不安全感，永远可以听到在血泊、硝烟中流浪的凄楚歌声。

我在巴比伦文化遗址考察的感受颇为哀伤，有兴趣的年轻朋友可参阅我的《千年一叹》。

相比之下，中国文化太幸运了。在地理上，中国西北部和西南部都有世界级的高山，而北部是沙漠，东部是大海，外敌不容易入侵。内战虽然很多，但内战双方都只想把持中国文化而不是消灭中国文化，因此没有文化上的存废忧虑。而且，中国幅员辽阔，遇到战争和自然灾害也有流转和迁徙的足够空间。正是这种流转和迁徙，保存了文化。

再说第二种，埃及文化。

埃及文化的失落，最让人震撼的是人种和血缘的失落。建造金字塔、女王殿、帝王谷、太阳神庙的杰出英才们，他们的后代到哪儿去了？

我说过，文化的最终成果是集体人格，也就是具有共同遗传因子的血脉人群。因此，法老的文化遗产并不仅仅是那些巨石和殿阙，更重要的是血缘人群。在埃及，这个话题比较悲凉，目睹一批又一批的外来人带着自己的文化长期职掌着这里的主导权。在首都开罗的阿拉伯人和亚历山大港的白种人之中，很难发现法老后代的踪影。我心中的埃及文化的人格遗产，找不到了。

在地理环境上，埃及文化倒是比较安全。大沙漠是大屏障，不容易遭受外来侵略，而尼罗河又水势平缓，与常常发生水灾的底格里斯河和幼发拉底河不一样。但是，长久的安

位于埃及卢克索的哈特谢普苏特女王神庙

修复前的狮身人面像与金字塔

定使埃及文明越来越保守，越来越封闭，越来越不在乎多方沟通。这样，埃及可以集中惊人的力量营造大量雄伟的建筑，似乎也没有发生过太多冲突，因此也不必像巴比伦文化那样早早地制定法典，因为法老的话就是法律。这一切，使埃及文化从"不必理解"变成了"不可理解"。而这种"不可理解"，正是统治者为了维持神圣光环的刻意追求。

太阳神庙巨柱上的象形文字，一直没有人完全读懂。想当年，种种文件和文告，只要那些能写能读的少数祭司一走，就立即变成了无解天书。

正是在这一点上，中国文化与它形成了巨大区别。中国文化历来不追求故弄玄虚的神秘，所有的文字都是"现世通码"，力求广为传播。连甲骨文，即便在几千年后发现时也很快就被基本读懂，更不必说在甲骨文之后秦始皇统一文字的壮举了。这种企图与广大臣民沟通的思维，使中国文化不可能枯萎在一个冷僻的高处。那番易解易懂的文字语言，成了中国文化"贴地流传，生生不息"的基础。

更重要的是，与埃及文化现在已经很难找到血缘后代的特点相比，中国文化恰恰把"祖先崇拜、传宗接代"当作重要的精神价值。与古埃及的社会结构不同，中国的姓氏宗亲是很难动摇的社会基座，孔子甚至希望朝廷也能以家庭为范本。因此，中国的血缘文化永远都在，处处都在，并由此形成了中国文化的生命后裔。

从开罗到卢克索，我一连穿行了七个农业省。在那么长的路途中，我没有看到一处呈现出中国农民式的勤奋。他们种得很粗疏、很随意，收得也很粗疏、很随意。在田头劳动的人很少，但又显然不是因为实现了机械化。这个对比，让我联想到了中国农耕文化"聚族而居，紧追时令"的基本生态。正是这种生态，决定了多数中国人的勤劳、刻苦、固执、顺天、守序的共同习惯。

印度河流域的摩亨佐-达罗都城遗址，每一项都不比巴比伦文化和埃及文化逊色。但是，就像后来印度历史频频出现的骤然中断一样，这种文化不知怎么就消失了，完全没有为后人留下它消失的前因后果、来龙去脉，好像根本没有发生过一样。

印度文化在宗教、天文、数学等方面对全人类做出过巨大贡献，但它的步履实在过于变幻莫测，让很多历史学家都一头雾水。它有过太多的"对手"和"主子"，有过太多的信仰和传统，有过太多的尊荣和屈辱，有过太多的分裂和崩溃，结果，文化的灵魂散了神，混沌一片。它的很多优秀的文化就像一片片云霞一样在天上飘过，稍稍走神就找不到了。

印度文化中，那片最美丽、最高雅的云霞就是佛教。即便是在四大古文化的整体中，佛教也是唯一具有全球价值的珍宝，但在印度本土，却已在九世纪严重衰微，十三世纪彻底消亡。在本土消亡之后，佛教在世界各地流传，直到十九世纪后传回，可惜传回的也只成为一支小小的细流，未能成为印度文化的主流。主流是什么？谁也不知道。

与印度文化相比，中国文化在传承上至少有两个点不同。

第一，始终保持着一个稳定的主体构架。在中国文化史上，以《周易》为起点的哲思，以《诗经》为起点的文采，代代得以流传，并在这个基础上扩大了以诸子各家为代表的经典范围，成为中国文化的主干。文事可以日新月异，但主干却是风雨不倒。只要主干不倒，文化大盘即使衰落也不会中断。

第二，始终保持着几副严峻而可信赖的选择目光，构成稳定的留存。这是从《春秋》到司马迁形成的传统，使中国文化在行进的大道上出现了优胜劣汰、高低分明、防止堵塞的监察机制。而印度,恰恰缺少他们的"司马迁"。于是,历史和想象互相不分,真实和传说严重混淆。结果很有趣,历史消亡在想象中,真实中断在传说中。

第六节
中国文化的生命基元

我前面说过，人类社会进入成熟文明，有几条基本标准，其中，最艰难，也最重要的是使用文字。中国文字，是人类历史上运用时间最长、运用人口最多的文字。因此，它的使用，既是中华民族，又是人类整体成熟文明的确切印证。

中国文字大约起源于五千年前。较系统的运用，大约在四千年前。文字产生之后，经由"象形—表意—形声"这几个阶段，开始用最简单的方法记载历史，例如王朝谱牒，应该夏朝就有了，到商代的甲骨文和金文，已相当成熟。

相比之下，世界上其他古文化遗址中也有文字的印记。那些斑斑驳驳地爬在种种遗迹上的古文字，除了极少数的考古学家能猜一猜外，整体上与后代已经没有关系。中国的古文字，本来也该以苍老的年岁而枯萎了，却至今还能让亿万民众轻松诵读。例如"三人行，必有我师"，"温故而知新"，"君子成人之美"，等等，从词语到意涵，都毫无障碍地从两千多年前直接传导到今天的日常生活之中，而且在中国这么大的地域中统一传导，这难道还不奇怪吗？

随着文字，很多典章制度、思维方式、伦理规范，也大多一脉相承，避免了解读中断。

由此可知，文字，刻画出了一个民族永久的生命线。在人类的诸多奇迹中，中国文字，独占鳌头。

在人类后续成熟的文明史上，梵语、希腊语、拉丁语、阿拉伯语、希伯来语都曾产生过巨大的传播力度。曾经有一些西方学者认为，这些语言，包括古代人类的一切语言，都能在两河流域找到共同的源头。这种说法显然是出于对中国语言文字的无知。

中国文化虽然也遇到过很多低落期、荒凉期、危机期，但只要文字还在，渗透在它们里边的基因也还在，那么中国文化总会一次次出现"野火烧不尽，春风吹又生"的情景。

中国文字的漫长生命力，也决定了它们必须经常调整自我，改变形态。如果自古以来始终不做调整，就活不了那么长。身段柔软，是一切长寿者的特点。

无论是中国书法史、中国语言史还是中国音韵史，都能划出好几个演变时期。恒中有变，才能不朽。中国文化在整体上给人一种保守的印象，但事实上，中国文化的实际发生方式却是可以随机应变的。

与古埃及、古印度的各种"秘语系统"相反，中国的先哲们却坐着马车、牛车在四处游说，说的是修身、齐家、治国、平天下的道理，人人都能听懂。而且，中国的一切先哲都有诗人气质，都让自己的论述染上艺术色彩，结果，不仅使中国语言通体亲切，而且诗化多情。

如果用科学主义的西方语言学来分析，中国语文常常带有多义性、整体性、混沌性、不确定性和易变性的特点，这对自然科学和社会科学的研究来说，确实是一种缺点，应该改革。但从更宏观的视野来看，却渗透着中国文化和中国人的本性。它在混沌中亲民，在模糊中出没，在多义中隐约，结果，反而是它走得最远。

中国文字在苦风凄雨的近代，曾受到远方列强的嘲笑。那些由字母拼接的西方语言，与枪炮、毒品和科技一起，包围住了汉字的大地，汉字一度不知回应。但是，就在大地即将沉沦的时刻，甲骨文突然出土，而且很快被读懂，告知天下：何谓文明的年轮，何谓历史的底气，何谓时间的尊严。

这些文字证明，中国人和中国文化早在几千年前已经彻底摆脱了蒙昧时代、结绳时代、传说时代，找到了可以快速攀缘的麻石台阶。如果没有这个台阶，在那些时代再沉沦几十万年，都是有可能的。有了这个台阶，则可以完整表达，深入沟通，开始哲思，焕发诗情，而且可以上下传承。

这些文字，一旦被书写，便进入一种集体人格。这种集体人格有风范，有意态，有表情，又协和四方、对话众人。于是，书写过程也成了一种人格的共建共融过程。

第七节
最初的审美信号

如果说中国人心中的历史审美图像系列有一个奠基处，那就是商代。商朝所留下的青铜器和玉器，给中国艺术奠定了最初的审美信号。

尤其是青铜器，实在会让后代许许多多的艺术设计师汗颜。

这里特别需要给大家引入一个符号——饕餮纹。这在青铜器里已经成为一种模式图案，是由一种凶猛、贪婪的野兽头部提炼出来的。当它被提炼出来之后还保持着线条的威猛、狰狞，成为当时文化共性的基本图像。

饕餮纹后来慢慢地离开原始形态，变得越来越抽象，但线条的力度始终保存，这有点儿惊人。它的不再贪婪、不再凶猛，却积淀了一个残酷而艰难的血与火的时代。饕餮纹使商代由伟大走向美丽，并用一种形式保存住了伟大和美丽。

除了饕餮纹，商代的第二项美学贡献，就是前面提到过的甲骨文所体现的早期书法美。

　　甲骨文里的象形文字，摆脱了埃及早期象形文字那样对自然物种的直接描摹功能，而是全部线条化了。线条又经过简化、净化，变成一种具有抽象度的通用符号。但是，文字除了实用意义之外还有审美意义，就是要求每一个字拿出来都好看。这个时候，早期的书法家出现了。这是除了饕餮纹外，商代审美的第二重点，也是中国书法艺术的起点。

　　商代的第三个美学贡献，是"美"的概念的正式确立。在甲骨文里，第一次出现了"美"字。从象形的角度解释，我们古人比较讲究物质，羊大了就觉得美，但是许慎做了补充，这个"美"字里面包含着"甘"字的含义。这就由物态上升到味态，由体量上升到风味了。现在又有学者提出"美"字的组合不是"羊"、"大"，而是"羊"、"人"。那就是"羊人为美"，即羊和人连在一起为美，这个意义就很不一样了，进入到了文化人类学的范畴。古希腊有羊人剧，古人最早进行表演的时候往往模仿动物的形象，羊是人最喜欢模仿的一种对象。所以在中国文字里，这个"美"字，一定也是和当时的舞蹈联系在一起的。这个舞者，在当时就是巫。如果看看和商代同时代的三星堆遗址，就可以知道古人的舞蹈是怎么回事，知道把模仿动物的人形作为美是多么自然。

　　商代完整地创造了"美"字，而且不久之后，中国的智者已经把它和"善"分开来讨论了，叫尽善尽美。"美"字有了一种独立的观照，这就了不得了。加上前面讲到的饕餮纹和甲骨文书法，商代在审美意义上已经开拓得比较完整。

　　终于听到声音了，那是《诗经》。

　　《诗经》使中国文学从一开始就充满了稻麦气息和人间感情。这种气息和感情，将散布久远，至今还能感受到。

　　《诗经》中，有祭祀，有抱怨，有牢骚，但最主要、最拿手的，是在世俗生活中抒情。其中抒得最出色的，是爱情。这种爱情那么"无邪"，既大胆又羞怯，既温柔又敦厚，足以陶冶风尚。

　　在艺术上，那些充满力度又不失典雅的四字句，一句句排下来，成了中国文学起跑点的砖砌路基。那些叠章反复，让人立即想到，这不仅仅是文学，还是音乐，还是舞蹈。一切动作感涨满其间，却又毫不鲁莽，优雅地引发乡间村乐，咏之于江边白露，舞之于月下乔木。终于由时间定格，凝为经典。

　　没有巴比伦的残忍，没有卢克索的神威，没有恒河畔的玄幻。《诗经》展示了黄河流域的平和、安详、寻常、世俗，以及有节制的谴责和愉悦。

黄河流域被诗句安顿了，那么长江流域呢？先不要着急，人们终究会看到，在万里长江最关键部分，将会走出一个诗人，他叫屈原。我们在《记住这些名字》、《熟读这些作品》中将有详细介绍，这儿只能略提一句，作为悬念。不管怎么说，从《诗经》到屈原，已经奠定了中国文化诗性品格的基础。

回过头去，我们看到了，背靠着一大批神话传说，熔铸着一尊尊青铜器，刻写着一行行甲骨文，吟唱着一首首《诗经》，中国文化隆重上路。

其实，这也就是以孔子、老子为代表的先秦诸子出场前的精神背景。

第八节
奠基时代

大家知道，跨越文明门槛后就开始进入了文明生活，但是进入文明生活，并不等于已经精神自立。我们不妨看看今天四周的社会生活，进入文明生活的人很多，完成精神自立的人不多。整个人类也是一样，造出了青铜器，就精神自立了吗？能运用文字，就精神自立了吗？生活于一种制度之中，就精神自立了吗？显然不是。

人类还需要等待一个重要时期，集中最聪明的头脑，来思考一系列最重要的问题。如果没有这个时期，人类还是会在文明生活的外表下，仍然处于精神蒙昧的状态。

于是，有一种神秘的力量，迫使人类摆脱这种状态。

如果要用神话的方式打一个比方，那就是，创造万物的天神看到人类已经拥有很多文明手段，但都是在夺权，在战争，在吵闹，就喝令人类静一静，好好接受一次精神文化的培训，同时还选出一批高水准的老师，派到各个文明区域。

这次精神文化大培训，果然发生了。德国法兰克福学派把它称为"轴心时代"，这种提法已经被世界上很多历史学家接受。但是，我却不太赞成，因为他们划出的时间太长，从公元前八世纪到公元前二世纪，有六百年，这"轴心"，也就太大了。我经过仔细分析，觉得至少应该减去两百年，从公元前六世纪到公元前二世纪，大概是四百年。"轴心时代"这个命题是一个比喻，意义比较模糊，我把它更改为"奠基时代"。

　　这四百年中，世界各地涌现了很多开天辟地的文化巨人。巴比伦、印度、波斯和希腊都在范围之内。在这个"奠基时代"，中国文化不仅没有缺席，而且表现精彩。

　　请看以下这些年龄排列——

　　老子和释迦牟尼几乎同龄，只差几岁；

　　孔子比释迦牟尼小十几岁；

　　孔子去世后十年，苏格拉底出生；

　　墨子比苏格拉底小一岁，比德谟克利特大八岁；

　　孟子比亚里士多德小十二岁；

　　庄子比亚里士多德小十五岁；

　　阿基米德比韩非子大七岁；

......

我不知道大家看了这个年龄排列后有什么感觉。在那么漫长的历史上，这些文化巨人几乎同时出现在世界上。他们太像是一起接到了同一个指令而手拉着手并肩"下凡"的，只是在云端告别，各自去了不同的地方。

既然在人类的精神奠基工程中占据了那么大的份额，那就进一步夯实了中国文化的世界身份。

这个现象，不仅让我惊叹，而且让我感动。因为当时的中国大地，充满着战乱和阴谋，按照庄子的说法，是"天下大乱，贤圣不明，道德不一"。在这种情况下，照理是出不了什么大文化的，最多出一点儿琐碎的应急文化、避祸文化。大文化需要对天地人生做终极思考，哪里会有人在兵荒马乱中做这样的事情呢？但是，怎么想得到，这片土地居然做到了，让人惊讶地走出了一批伟大的精神导师。随着他们的身影，中国文化一下子走向了高贵，而且是世界级的高贵。

我很想让今天的年轻人更多地了解他们。因为他们比我们所有的人都厉害。是他们，决定了我们成为我们。

第九节
百家争鸣与稷下学宫

在中国古代具有精神奠基意义的思想大师中，影响最大的，是以孔子、孟子为代表的儒家和以老子、庄子为代表的道家。其中，老子、孔子、庄子，还有一个墨子，我将在本课程第二册《记住这些名字》中详细介绍。在本册下半部分讲述儒家"君子之道"和道家对"大宇宙"和"小宇宙"的观念时，我还会比较系统地解释他们的思想追求。

我在写这些思想大师的时候，着重描绘了他们不同的目光和不同的路途。这里需要补充的，是另一个重要的思想门派法家的特殊存在。

如果说，儒家的目光是温暖的，道家的目光是超逸的，墨家的目光是热烈的，那么，法家的目光则是峻厉的，会让人产生一阵阵寒意。

老子淡淡地走在路上，孔子苦苦地走在路上，墨子急急地走在路上。路边树丛间，早就有几副冷冷的目光。以韩非为代表的法家学者，完全不讲老子、孔子、墨子的情怀，只相信对实际利害的严格管理，并把这种管理组成一种绝对权力。在韩非看来，社会管理离不开"法"、"术"、"势"三种力量。"法"是法令如山，赏罚分明；"术"是运用谋术，控制群臣；"势"是集中权势，制服天下。

猛然一听，法家让人不太愉快，但仔细一想，社会历史还真少不了法家。无论是老子、孔子，还是墨子，都是理想主义者，但法家是现实主义者。对于现实的社会政治，老子主张尽量少管，听其自然；孔子主张道德领先，苦口婆心；墨子主张一腔热血，行侠江湖。这三条道路，其实都很难有效地把整个社会管理起来。法家强硬地追求有效，追求力量，结果大家知道，真正让秦国强大起来最后统一中国的，就是法家。

但是，法家在通向效果的道路上，运用了太多的残忍手段和阴谋，结果他们自己的生命也被残忍手段和阴谋缠住了。早在韩非出生前五十几年，法家思想的早期实践家商鞅，已经死于"车裂"的酷刑。韩非死于他的同学李斯之手，李斯也是一位杰出的法家政治家，最后被腰斩灭族。

可以说，在诸子百家中，法家最硬又最惨。他们以强力推动了社会改造，让世界看到了一个早早统一的中国，这个贡献确实很大。但是，从文化上说，人之为人，还必须有温馨、柔和、仗义的一面。就人性而言，除了铁拳人生外，更需要慈爱人生、诗化人生。而法家思想家是以自己的声音和生命，做出了最大的自我恶化和自我牺牲。人们容易忘记他们的贡献，喜欢转过身去欣赏那个白发行走者、那个棕衣行走者和那个黑衣行走者。

简单来说，这些行走者更有诗化魅力。魅力是一种不公平的吸引力，法家学者即使集中了他们最看重的全部"法"、"术"、"势"，也形不成魅力，反而还会走到魅力的反面。

我刚刚说到，法家的韩非和李斯是同学，那他们的老师是谁呢？是荀子。荀子是儒家集大成者，很长时间主持着的一个学术机构，叫作稷下学宫。他被看成是这个学宫里"老师中的老师"。稷下学宫，在山东临淄的稷门附近。临淄，是当时齐国的王都。

我为什么对稷下学宫如此重视？因为中国文化在那里获得了一种聚集和整合，蔚为壮观。不管是以历史眼光还是以世界眼光看，都令人振奋。

中国文化在人类精神的奠基时代能够涌现出百家争鸣的

景象本来已经令人叹为观止，而且，在当时的信息传播条件下，所谓"争鸣"，大多是后人把各种学说拼合在一起，很难近距离地争论起来。出乎意料，他们真的拥有了一个会合的场所，"百家争鸣"变成了事实。

稷下学宫创办于公元前四世纪中叶，延续了一百三十多年。

我在《中国文脉》和《中国文化课》中，都以古希腊哲学家柏拉图创建的雅典学院与中国的稷下学宫做对比。雅典学院比稷下学宫早办二十年，这在漫长的历史上应该称作同时。雅典学院也是一个大师云集、思想活跃的所在，可惜后来在欧洲的中世纪完全中断了。直到文艺复兴时期，人们重新想起。拉斐尔还为此画了一幅著名的壁画。

百家争鸣的盛况，在中国也没有很好延续，因此同样被渐渐遗忘。

从各种文献来看，当年稷门附近，实在是气魄非凡。那里铺了宽阔的道路，建了高门大屋，成了四面八方学者们的向往之地。齐国朝廷做事，总是大手笔，他们给各路学者很高的待遇。因此，当时诸子百家中几乎所有的代表人物都来过。他们像平时一样，身后跟着很多学生。过去孔子周游列国，也带着一批学生，像是一个"流亡大学"，现在，一个个"流亡大学"在这里集中了，这里也就成了当时中国的最高学府，人数常常是数百上千。

稷下学宫解决了天下所有高等学府都会遇到的两大难题。

第一个难题是，这个学宫是由齐国朝廷出资的，具有政府智库的职能，那又如何保持对朝廷的独立性？解决的方法是：学宫里的诸子都不任官职，也就是"只问政，不参政"，因此也不必对自己的观点担负行政责任。朝廷所需要的，就是他们身处行政体制之外的独立思维。体制之内也会有很多聪明头脑，如管仲、晏婴，但那只是"内循环"，而稷下学宫要提供的则是循环圈之外的声音。对于这种声音，朝廷听过之后也可以完全不予采纳，这叫"两相自便"。例如，孟子就对时政发表过很多意见，朝廷觉得不切实用，没有接受，但这一点儿也没有影响他在稷下学宫中的崇高地位。

第二个难题是，稷下学宫主张"百家争鸣"，那如何不让争鸣变成众声喧哗、嘈杂一片？答案是：稷下学宫除了欢迎各路自来的学者，还会隆重聘请一些真正重量级的大师来"镇宅"、"压舱"，保持着清晰的学术等级评估。同时根据各路学者的学问、资历、成就，学宫分别授予"客卿"、"上大夫"、"列大夫"，以及"稷下先生"、"稷下学士"等不同称号，而且已经有了"博士"和"学士"之分。这就避免了在"百家争鸣"、"言论自由"的幌子下的鱼龙混杂、泥沙俱下。

遗憾的是，这两大被稷下学宫解决的难题，后来又成了难题。

第十节
秦汉王朝的文化选择

大规模文化的留存，除了文化人自身的力量之外，还必须依靠行政架构的加持、国家力量的选择。齐国以行政资助来创办稷下学宫，有利于诸子百家的留存。但是，齐国毕竟太小，无法对整体文化承担维护、推广、传承的职能。因此，一种大文化要留存于天下，还需要依靠更大的国家力量。

正巧，奠基时代所形成的"智能大爆发"，也滋生了更宏大的政治构想，于是，一个个大帝国也就水到渠成地诞生了。人类文化，因而从"奠基时代"，过渡到了"帝国时代"。这情景，我们从巴比伦帝国、波斯帝国、所罗门帝国、孔雀王朝、罗马帝国中都可以看到，而中国文化，则迎来了秦汉帝国。

文化遇到帝国，并不是必然。世上很多文化并没有遇到相关的帝国，而很多帝国也没有遇到像样的文化。它们相遇，无论是文化还是帝国，双方都未必有主动意愿。但是，如果它们陌路相逢，就会碰撞出很多事端。

秦汉帝国时代的中国文化，是一个更开阔的台阶。

一般来说，在帝国建立之初，文化的日子并不好过。一代雄才大略的政治人物还在为军事进攻和政治整合而忙碌，无心文化，反而为了统一思想而控制文化，手段往往非常鲁莽。

中国文化遇到的第一个真正的大帝国——秦朝，更是这样。秦始皇听从李斯的主张，焚烧《诗》、《书》和"百家语"，只有医药、卜筮和种树的书才可幸免。这严重地破坏了文化传承。与此相应，他还下令坑杀了一些儒生。中外历史人物的功过，往往很难论定，但只要动手破坏文化了，就永远不被原谅。秦始皇的"焚书坑儒"，无论如何是一件大坏事。

在确定"焚书坑儒"的负面意义之后，我们可以回归公正的立场，大方地承认秦始皇也为文化做出了不少正面贡献。正面贡献中最为重要的一项，前面已经提及，那就是统一了文字。正是这个举措，使得全人类人数最多的族群，不管流浪到什么地方，也不管遭遇到什么灾难，都不会在文化上溃散。这项功绩，怎么评价也不会过。

即便不遇到灾难，中国国土那么大，方言那么多，如果不是秦始皇统一文字，不知道会崩解成多少地方政权，分裂成多少文化碎块。环视世界各地，这种可能性极大，那就谈不上什么"同文同宗"的文化规模了。

除了统一文字，秦王朝还做了不少文化大事。例如，把原来的"分封制"改为"郡县制"，这从行政格局上改变了精神价值和生活方式，决定了中国文化的走向。又如，建造万里长城，既有军事意义、工程意义，又有心理意义、美学意义。每个中国人心中都有这道既漫长又悠久，既壮观又怨伤的墙，因此它也成了一种精神文化的象征。

秦王朝对中国文化的最终贡献，是给中国文化颁发了最正式的"身份证"。正是这个空前统一的王朝，使中国终于成了严格意义上的中国；随之而来，中国文化也终于成了严格意义上的中国文化。

这一切加在一起，可以说秦王朝为中国文化打下了一个稳固的底盘。

接下来，汉王朝则为中国文化树立了一个框架。汉王朝的文化框架，首先是"黄老思想"，与道家有关。秦朝太残酷、太热烈、太劳累了，汉王朝早期的统治者希望让民间休养生息，决定采取"无为而治"的方针。但是要让整个统治集团接受这种方针，就要借助文化的力量了。于是，老子的哲学，加上传说中的黄帝的思想，让"无为而治"的温和主张成了全社会的精神指引。结果，效果极好，汉文帝和汉景帝时的"文景之治"出现了，老子的哲学也就取得了极高的声誉。这是文化与政治亲密结缘的开始。

政治需要文化来帮助，结果也帮助了文化。

"文景之治"的成功，也是老子"无为"思想的成功。"无为"，不是毫无作为，而是相信民众会选择最适合自己的生活方式，统治者要顺其自然。

但是，这种思想也有局限，因为普通民众很难在日常的安居乐业中发现整体危机，更没有能力来解除这种危机。汉王朝当时遇到的最大危机就是北方匈奴的入侵和抢掠。要减少匈奴的入侵和抢掠，只能"和亲"，就是把皇家的女儿嫁给他们的首领。但有时候，她们嫁过去不久，匈奴又来入侵了，没完没了。面对这样的危机和屈辱，一个年轻的帝王站了出来，决定不能"无为"了，而必须大有作为，他就是汉武帝。

大有作为是一个复杂的系统工程。因为在战场上，马背上的匈奴实在太强悍了，要对付，必须组建骑兵，物色将军，寻找战马，改进武器，而且必须在实战中总结失败的教训……。要有效地完成这一庞大的系统工程，当然需要集中权力，树立威望。这在已经尝到"无为而治"甜头的全国上下，不大适应，因此汉武帝必须在"黄老思想"之外选择另一种文化支柱。

他选择了儒家，选择了董仲舒提出的"罢黜百家，独尊儒术"的主张。

其实董仲舒的儒学，与孔子、孟子已有很大的不同，他从"天人合一"发展到了"天人感应"，把儒家的统治理念联系到了"天意"，其中包括了法家和道家的一些理念。

气盖百世、赫赫武功的秦汉王朝，都在寻找精神理由，因此它们都是文化王朝。秦王朝选择了法家哲学，汉王朝先撷取了道家哲学，然后又改造了儒家哲学。它们都是文化哲学的施政实践，因此也可以说是哲学王朝。

那些著名的帝王，那些有名的战争，那些出名的转折，说来说去，无非都是在实践法家的刚烈雄伟、道家的清净生息和儒家的奋发有为。谁也没有跳出文化的手掌心，谁也没有逃离学者的大构想。

这一点，与巴比伦帝国、波斯帝国、所罗门帝国、孔雀王朝、罗马帝国相比，只有中国做到了。那些帝国和王朝，都不缺哲学家和文化人，却从未被一种完整的文化哲学所左右。

汉王朝选择了中国最重要的文化哲学，精神格局也就越来越大，因此又保持着继续拓宽和弥补的意向。接着，还是在汉代，佛教传入了。这一来，中国文化的宏伟雏形已经"三足鼎立"。

这种文化上的健全，加上军事上的胜利，使一个"汉"字变得大气磅礴。因此，曾被秦王朝包罗的中原百姓，也就由"秦人"改称为"汉人"，而华夏民族也称作"汉族"了。

第十一节
凿通西域

汉武帝为了借助外力一起对付匈奴，希望中国与域外沟通。这是一个军事、政治课题，但说到底，还是文化课题。他派出的使者张骞，担负的任务很多，但历史承认，最终还是文化使者。

在史书上，他派张骞"通西域"这件事，被称为"凿通西域"。这个"凿"字非常形象，好像是用一把凿子，一点点地去开凿原先阻挡在路上的一座座石山。工程很艰难，速度并不快，但决心很大，目标明确。

请注意，是"凿通"，而不是"打通"。用的是凿子，而不是大刀长矛。

本来，汉武帝是很能打仗的，他手下也有一大批名垂史册的将军，但他平常用兵，只是为了扫除边防的战祸。对于他所不了解的西域，他放下了刀剑，拿起了凿子。

这种和平主义的思路，带来了和平主义的结果。现在全世界都知道了，他一凿子、一凿子凿通的，就是丝绸之路的雏形。

多年前，我在甘肃兰州召开的一个国际论坛上演讲，说丝绸之路是人类文明的第一通道。当时很多人听了有点儿不习惯，因为按照世界历史的传统观念，人类文明的第一通道应该是地中海。但是，我解释，丝绸之路与地中海通道的最大区别，是以和平为主调，还是以战争为主调，因为我们说的是"文明第一通道"。这几年，从国外出版的一些著作中得知，不少西方学者的观点也变了。

汉武帝有能力远征他国而不远征，这使他与世界上其他帝国的君主划出了明显的界线。

早在汉武帝之前，亚洲、欧洲、非洲的那些帝国，都已经一次次打得昏天黑地。远征，已经成为一个帝国、一个帝王的最高荣誉所在。远征的目的，是要打败另一个帝国，俘虏它的臣民，消灭它的文化。这种事，汉武帝不做，后来的皇帝也不做。正是这种传统，验证了中国文化的一大本性，那就是我十几年前在联合国世界文明大会上演讲时所论述的"非侵略本性"。

我们过去总喜欢讲战争的故事，为什么不多讲讲凿通的故事呢？战争，很可能是在破坏文化，而凿通，却一定有利于文化。因为文化的本义就是"凿通"。

第十二节
难忘魏晋

大帝国的大文化，并不是文化的最佳状态。

在秦汉两代，文化的大底盘、大框架、大目光都已建立，怎么还不是最佳状态呢？因为它还缺少一个最重要的东西，那就是大创造。

文化的终极生命，在于创造。也就是说，无论是底盘、框架，还是目光，都是为创造设置的，都是在等待创造。

那么，在大帝国、大文化构想中，能够期待创造势头的活跃吗？很难。因为文化创造的主体，永远是个体生命。在好大喜功、轰轰烈烈的背景下，必然是群体话语鼎盛，个体话语冷落。而且，那种群体话语常常带有四个特性：排场性、雕饰性、虚夸性、近似性。例如，一度名声很大的汉赋，就明显地集中了这些毛病，我怎么也喜欢不起来。就连赫赫有名的贾谊、司马相如的那些赋，也是这样。

这中间存在着一些必然逻辑。

在西方，罗马共和国和罗马帝国如此强盛辉煌，似乎什么也不缺了。而且在文化上也非常骄傲，只要被罗马帝国征服的地方，总有规模巨大的露天罗马剧场。但是所有的聪明人一眼就可以看出，它怎么也比不上以前那个小小的希腊所创造的文化。

记得几十年前，我编写《世界戏剧学》时，就曾为这件事大吃一惊。我在写完希腊悲剧的章节之后，很想在罗马戏剧中找一点儿像样的余脉，却怎么也找不到，尽管罗马有钱有势，张罗了大量的所谓"戏剧盛典"。

同样的道理，汉代的文学比不上《诗经》和楚辞，汉代的哲学比不上诸子百家。值得人们深思的是，在《诗经》、楚辞、诸子百家处于最佳创造状态的时代，并没有大帝国的支撑，整个社会还处于混乱、分散、贫瘠之中。由此可见，文化创造所需要的条件比较特别。

汉王朝历时四百多年，于二二〇年灭亡，从此，中国历史又进入了一个大分裂、大动荡的时代，历时近四百年。奇怪的是，恰恰是在这大分裂、大动荡的时代，文化创造的勃勃生机又出现了。

这里包含着深刻的文化哲学，因此接下来我要讲讲分裂时代的中国文化。

魏晋南北朝时期是真正的乱世。

英雄们相继谢世了。英雄和英雄之间龙争虎斗了大半辈子，他们的年龄大致相仿，因此也总是在差不多的时间离开人间。像骤然挣脱了条条绷紧的绳索，历史一下子变得轻松，却又剧烈摇晃起来。

这中间，最可怜的是那些或多或少有点儿政治热情的文人名士了。每当政治斗争一激烈，这些文人名士便纷纷成了刀下鬼，比政治家死得更多更惨。

何晏，玄学的创始人、哲学家、诗人、谋士，被杀；张华，政治家、诗人、《博物志》的作者，被杀；潘岳，与陆机齐名的诗人，中国古代最著名的美男子，被杀；谢灵运，中国古代山水诗的鼻祖，直到今天还有很多名句活在人们口边，被杀；范晔，写成了皇皇史学巨著《后汉书》的杰出历史学家，被杀；……

这个名单可以开得很长，置他们于死地的罪名很多，而能够解救他们、为他们辩护的人，却一个也找不到。

因为一切解救的理念和途径都已废弃。既然无处讲理那就不再信理，于是，在沉重的杀气下，站出来一群重新思考天地、事事特立独行的年轻人，他们后来一直享有一个共同的称呼——"魏晋名士"。代表者就是阮籍、嵇康，我会在第二册《记住这些名字》中详细介绍。

根据我所制定的文化定义，"魏晋名士"在生活方式、精神价值和集体人格三个方面，都做出了非同凡响的更新和重建。

他们一切从零开始，一切重新思考，也包括对奠基时代的重新思考，对诸子百家的重新思考，对秦汉时代的重新思考，对英雄时代的重新思考。

他们对已有的文化表示出极大的不信任，因此很像是中国文化的叛逆者。而实际上，他们改变了中国文化的质量。这对于中国文化来说，相当于一次再生。

如果没有他们，中国文化很可能陪伴着疲倦的诸子百家和威严的秦汉帝王一起老去，而且会老得很快。

乱世的文化，在层次上要比其他时代复杂得多，因为有更多的断裂，更多的突破，更多的反叛，随之也有更多的精彩。

我们要衡量曹操和诸葛亮这两个人在文化上的高低，就远不如对比他们在军事上的输赢方便，因为他们的文化人格判然有别，很难找到统一的数字化标准。但是，如果与后来那批沉溺于清谈、喝酒、吃药、打铁的魏晋名士比，他们两个人的共性反倒显现出来了。不妨设想一下，他们如果多活一些年月，听到了那些名士的清谈，一定完全听不懂，很可能回过头来对着昔日疆场的对手耸耸肩。这种情景就像当代两位年迈的将军，不管曾经举着不同的旗帜对抗了多少年，今天一脚陷入孙儿们的摇滚乐天地，才发现真正的知音还是老哥儿俩。

然而，如果再放宽视野，引出另一个异类，那么就会发现，连曹操、诸葛亮与魏晋名士之间也有共同之处了，例如，他们都名重一时，他们都意气高扬，他们都喜欢扎堆，而我们要引出的异类正相反，鄙弃功名，追求无为，固守孤独。

他，就是陶渊明。

于是，我们眼前出现了这样的重峦叠嶂——

第一重，慷慨英雄型的文化人格；

第二重，游戏反叛型的文化人格；

第三重，安然自立型的文化人格。

这三重文化人格，层层推进，逐一替代，构成了那个时期文化演进的深层原因。

其实，这种划分也进入了寓言化的模式，历史上几乎每一个文化转型期都会出现这几种人格类型的转换。

深刻意义上的文化史，也就是集体人格转换史。

不同的文化人格，在社会上被接受的程度很不一样。正是这种不一样，决定了一个民族、一个社会的素质。

一般说来，在我们中国，最容易接受的，是慷慨英雄型的文化人格。

这种文化人格，以金戈铁马为背景，以政治名义为号召，以万民观瞻为前提，以惊险故事为外形，总是特别具有可讲述性和可鼓动性。正因为这样，这种文化人格又最容易被民众的口味所改造，而民众的口味又总是偏向于夸张化和漫画化的。例如我们最熟悉的三国人物，刘、关、张的人格大抵被夸张了其间的道义色彩而接近于圣，曹操的人格大抵被夸张了其间的邪恶成分而接近于魔，诸葛亮的人格大抵被夸张了其间的智谋成分而接近于仙（鲁迅说"近于妖"），然后变成一种易读易识的人格图谱，传之后世。

中国民众最感到陌生的，是游戏反叛型的文化人格。

魏晋名士对于三国群雄，是一种反叛性的脱离。这种脱离，并不是敌对。敌对看似势不两立，其实大多发生在同一个语法系统之内，就像同一盘棋中的黑白两方。魏晋名士则完全离开了棋盘，他们虽然离三国故事的时间很近，但对那里的血火情仇已经毫无兴趣。开始，他们是迫于当时司马氏残酷的专制极权采取"佯谬"的方式来自保，但是这种"佯谬"一旦开始就进入了自己的逻辑，不再去问社会功利，不再去问世俗目光，不再去问礼教规范，不再去问文坛褒贬。如此几度不问，等于几度隔离，他们在宁静和孤独中发现了独立精神活动的快感。

从此开始，他们在玄谈和奇行中，连向民众做解释的过程也舍弃了。只求幽虚飘逸，不怕惊世骇俗，沉浮于一种自享自足的游戏状态。

对于以陶渊明为代表的安然自立型的文化人格，中国民众不像对魏晋名士那样陌生，也不像对三国群雄那样热络，处在一种似远似近、若即若离的状态之中。

第十三节
北方的马蹄声

　　到魏晋时代，老子和孔子学说已经传承了九百多年。这是多么漫长的岁月，如果历经九百多年还不老化，那就不是一个正常的生命体了，因为一切正常的生命体都会新陈代谢。人是如此，文化更是如此。

　　幸好，在公元三世纪、四世纪，中国文化在整体老化的危机中听到了别样的声音。居然，是来自北方的马蹄声。

　　这些马蹄声的起点，是大兴安岭北部的东麓。那儿有一个仍然处于原始游牧状态的民族，叫鲜卑族。鲜卑族中的拓跋氏一支，渐有起色。他们曾在汉武帝的征战下西迁和南移，又曾与匈奴残部联合，战胜其他部落，称雄北方，并建立王朝。这个王朝，根据一位汉族人士的提议，称为"魏"，历史上叫作北魏王朝。经过半个多世纪的征战，它完成了对黄河流域的统一，成为强大的统治者。

　　鲜卑族踏进文明门槛比较晚，当他们问鼎中原的时候，拥有文字的时间才一二百年。由这样一个民族来统治已经辉煌了两千多年的黄河流域，来统治高尚精雅的汉文化，会不会让汉文化遭遇空前浩劫而彻底崩溃？

　　这种情况，在人类文化史上比比皆是，不胜枚举。也就是说，已经走向老化的中国文化，又面临着一个更大的危机。但是，后来发生的事实证明了一个千古真理：更大的危机极有可能是转机。暴风雨后，云霞满天。

　　按照常规，蛮强的马队在征服已开发地区的过程中，极有可能大量屠杀、大量抢掠、大量奴役、大量驱逐。当年秦始皇、汉武帝为什么要花那么多力气对付匈奴？就是要防止这种情景的出现。其实在鲜卑族统治集团中，也一直存在这样的"狼派势力"。其中有一批人竭力主张在中原废弃耕地，将其变成草原，因为那才能使他们的游牧健儿纵横驰骋，保持统治地位。

　　这中间出现的是一个沉重的文化选择题：选择游牧文化，还是选择农耕文化？

　　对鲜卑族来说，选择前者很容易，因为是轻车熟路，信马由缰；选择后者很困难，因为要改弦易辙，从头学习。

　　如果能够保留农耕文化，就会有大量稳定的赋税所得，即使不再征战也会获得充裕的财源。但是要达到这个目的，必须实行均田制、户籍制、州郡制、赋税制，每个"制"的实行又必须依仗熟于此道的汉族官吏。这对游牧民族的首领来说，等于一下子掉进了一个完全陌生的世界，从精神价值到生活方式，彻底错位。因此在他们统治集团内部，为了这个文化选择一次次拔刀相向，血迹斑斑。

但是，在鲜卑王廷，终于站出来几个愿意改造自身文化的明智者，其中最著名的代表者是一个勇敢的年轻人，叫拓跋宏。他在历史书上的身份，叫作"北魏孝文帝"。

拓跋宏四岁即位，朝政由祖母冯太后掌握。这位祖母也很杰出，对拓跋宏影响巨大。祖母去世时，他已经二十三岁，才独立执政，但他独立执政后才九年就去世了，享年三十二岁。因此，这是一个在我心目中永远年轻的中国帝王。拓跋宏和他的祖母在执政期间，究竟做了哪些事？

一、官员禁止说鲜卑语，改说汉语；

二、官员放弃鲜卑服饰，穿汉族服装；

三、改变原始祭祀，改为汉族礼制；

四、主张由鲜卑贵族带头，与汉族通婚。

另外，拓跋宏还决定把首都从山西大同，迁到河南洛阳，以便实行汉族的"文治"。他规定，以后鲜卑贵族说自己的籍贯，只能说河南洛阳。

简单来说，他实行了相当彻底的"汉化"。当然遇到大量反弹，但他总是惩罚得非常干脆，即使是对家人也不留余地。

这么多有关文化大选择的强硬命令，出自一个充分掌握了权力的少数民族统治者，而周围并没有人威逼他这么做，这确实太让人惊叹了。我认为，这不仅在中国，而且在世界历史上，也是极为罕见的。

孝文帝拓跋宏的历史贡献，显而易见，既推动了鲜卑民族的文明进步，又保存了汉民族的文化传统，可谓相得益彰。但是，我认为，孝文帝拓跋宏对文化的最大贡献，是他自己也不清楚的，那就是拓宽了汉文化的生命气场。

第十四节
云冈石窟：中国由此迈向大唐

我前面说了，以孝文帝为代表的北魏王朝，除了提升了自己的文化，还拓宽了汉文化的生命气场。

对此，可以借一个比喻来说明：一群流浪汉闯荡一座大城市，很快变成了城里人，这是一件小事；但是，如果他们快速改变了这座大城市的气场和视野，那就是一件大事了。

顺着这个比喻，我们要说，让一个少数民族接受汉文化，这不太难；如果让汉文化借此接受辽阔而陌生的马蹄空间，这就太艰难、太伟大了。以孝文帝拓跋宏为代表的鲜卑族智者们，为汉文化做了两方面的大事。换句话说，克服了汉文化的两大严重弊病。

哪两大弊病呢？第一个弊病是，汉文化的主导者们缺少在陌生的大空间中驰骋和掌控的力量；第二个弊病是，汉文化的主导者们缺少对世界上其他文化的了解和深入。

这两个弊病都与"陌生"有关：陌生的空间、陌生的文化。孝文帝拓跋宏原来也算是一个骑马而来的陌生人，由陌

云冈石窟第 20 窟

生人解决陌生的问题，听起来很奇怪，却包含着深刻的文化哲理。

先讲第一个"陌生"。作为中国文化的主体历时悠久，精致高雅，但对于茫茫旷野不太关心、不太在乎，也缺少掌控能力。

这在中国文化走向衰老的情况下，显然是一种重大缺陷。中国文化已经在自己的老庭院里寻找过多少遍了，仍然没有出现新生的气象。那么，要找的气象一定在老庭院外面，而且可能在很远的地方。

很远的地方，有游牧民族的万里风光，这使汉文化深感陌生。例如这首民歌：

敕勒川，阴山下。天似穹庐，笼盖四野。天苍苍，野茫茫，风吹草低见牛羊。

一种对草原大地的强烈自豪感，却又自豪得那么平静。这种大气，正是汉文化所缺少的。

除了"天苍苍，野茫茫"的视野之外，还需要有这个视野里的人物和故事。在汉文化的思维习惯中，战争总是残酷

中国由此迈向大唐（刻于山西大同云冈石窟，余秋雨题）

的，战士总是痛苦的。这种追求和平的心理很不错，但是你能想象吗，在北方的旷野里，在战马的奔腾中，也会产生特殊美丽的人物和故事，例如，花木兰的传奇。

"唧唧复唧唧，木兰当户织。"这首大家都能背诵的《木兰诗》，就是北朝民歌。与汉文化里常见的人物和故事相比，男女之间性别的界限，战争与和平的界限，全都成了可以轻松跨越的游戏。

北方的马蹄带来了一个陌生的辽阔空间，一种陌生的集体人格。于是，文化有可能从根本上发生改变。

接下来，要讲第二个"陌生"了。孝文帝拓跋宏和他的前辈，为中国文化引进了一批陌生的"远方同行"。也就是说，把中国文化置于世界文化大家庭之中了。这么一件大事，居然由少数民族的首领在操盘？确实如此。在讲述理由前，我希望大家到山西大同的云冈石窟去看一看。

大同，当时叫平城，北魏王朝的首都所在。那儿的云冈石窟，是五世纪建造的，主题是从印度传入的佛教。

来到石窟，你一定会惊讶，这么早的佛教石窟为什么出现了希腊、罗马式的廊柱？再一看，那些巨大的雕像，大多是高鼻梁、深眼窝，明显具有希腊雕塑的余风。如果看得更细一点儿，那就会在很多洞窟中发现巴比伦文化和波斯文化的一系列审美记号。

光从云冈石窟就可发现，世界各大文化融合了。

北魏王朝的多数君主，既崇尚汉文化，又崇尚佛教。他们想，既然已经向汉文化拜师了，那么，为什么不多拜几位老师呢？因此，他们通过一个从远方抢来的伟大雕刻家昙曜之手，把印度的佛雕艺术落户于云冈。

佛教原来并不主张造像，后来亚里士多德的学生亚历山大东征时，军队里带了一些希腊雕塑家。结果，在印度创造了一种以希腊功法雕塑佛像的犍陀罗艺术。犍陀罗艺术不仅以希腊功法雕塑佛像，而且还夹带了亚历山大一路东征所见到的巴比伦文化和波斯文化的一些元素。

你们在云冈一定能够发现，中国文化已经处于世界各大文化的宏大包围之中。对此，中国文化一点儿也不自卑，相反，它从域外同行的千姿百态中获得了元气。

当时世界上各大重要文化在这里汇聚了，而主角汉文化也获得了自我更新。这种大手笔汇合在一起，必定要出大事。

什么大事？你们到云冈石窟参观完之后，会在西边石坡上发现我写的一方石碑。我写了八个字：中国由此迈向大唐。

据说，现在每天在这个石碑前照相的人很多。大家看完石窟之后，就同意了我的这个结论。

是啊，诸子百家、秦汉帝王、三国英雄、魏晋名士，再怎么努力，也营造不出一个伟大的唐朝，因为他们各自都缺少一些重要条件。现在，重要条件在山西大同的云冈石窟聚集并展示了。

唐朝的出现，还需要西边的一些故事，我下次再讲。

昙曜（吴为山雕塑作品，立于云冈石窟）

第十五节
凉州风范

前面说到，北魏王朝的统治者不仅带来了北方旷野的"陌生"，而且带来了世界文化的"陌生"。那么，他们是经过一条什么样的通道，把印度文化、波斯文化、巴比伦文化带到山西大同来的呢？

这条通道很长，其中关键的一段是河西走廊，在现在的甘肃。但是，走廊并不是全部，它所联结的两端，更是广阔无垠。一端是中原大地，另一端通向西域、印度、波斯、罗马。

我说过，北魏王朝在山西大同建造云冈石窟，与他们抢来的一个伟大雕刻家昙曜有关。那么，他们是从哪里把昙曜抢来的？又是用什么方法抢的？

"昙曜"在古文中的意思，是在密布的云层中照下的一缕阳光。他，就是这缕阳光。他是西域人，长期生活在凉州，也就是现在的甘肃武威，主持了天梯山石窟的建造。天梯山的石窟中，明显地引进了犍陀罗艺术。

　　四三九年，北魏王朝发动了一场战争，把昙曜抢走了。按照当时的说法，是从凉州抢到平城。路，实在是非常遥远。

　　被抢的不仅仅是昙曜一人。北魏王朝用武力，把凉州的世家大族、佛儒学者、著名工匠三万余人，全都抢到了平城，其中还包括了三千余名高僧。用今天的话来说，这是一次用军事手段完成的"文化精英大迁徙"。由于规模巨大，这也变成了一次文化中心的大移动。

　　这三万余人在凉州过得很好，现在要到一个完全陌生的远方去定居，而且不得不去，因为有军队押送。但军人的态度并不凶，一路上对他们照顾有加，因为这三万余人既是俘虏，又是客人，而且是北魏君主日夜思念的客人。

　　骑在马上的将军们明白了一个道理：一辈子打来打去，先抢财物，再抢土地，最后是抢文化。抢文化，很麻烦，但这件事关系到北魏王朝的文化重量，关系到他们的统治权威，更关系到他们入主中原的合法性。文化，是这支迁徙队伍要完成的唯一主题。

　　这支队伍，也给中国传统文化带来了重大的结构调整。这三万余人中，最重要的是有佛学家和雕塑艺术家。这也就是说，原来中国文化不太重视的两大思维，宗教思维和审美思维，已经大踏步地登堂入室，改变了中国文化的主体结构。

再过一些年，这支队伍中的一部分，以及他们的子女和学生，还要回过头来向西迁徙。因为孝文帝拓跋宏发现，文化中心的建立，还需要其他多种条件。在当时的情况下，大同还很难成为全国的文化中心。因此又出现了一场迁徙，目的地是洛阳。随之我们看到，云冈石窟的风采闪现在洛阳的龙门石窟之中了。

洛阳已经逼近了长安，因此不妨说，孝文帝所指挥的后一场迁徙，也就是在为中国文化寻找真正的中心。他很有眼光。

不管是大同的云冈石窟，还是洛阳的龙门石窟，都被学者称为"凉州模式"。也就是说，起点都在凉州。那么，我们不能不追根溯源地询问，凉州是怎么成为文化争夺的目标的呢？说来好笑，这居然也与以前的一场"文化大争抢"有关。

那就来好好看一看凉州。一般史书讲中国文化，很少涉及凉州，这是重大缺漏，因此我要特别多讲一点儿。

凉州那一带成为"走廊"，首先是汉武帝做的事，他的年轻战将霍去病功劳最大。但是，生态高于政治，如果生态恶劣，即使一时成了走廊也会荒废。恰巧，河西走廊不是这样。祁连山的冰川雪水十分丰沛，因此没有旱灾，但四周毕竟干燥，又没有涝灾，这就使农耕文明得天独厚。而且，这里又有水草丰美的畜牧场。汉武帝还要让这条走廊在良好天气之外再聚集人气，因此又实施了军事移民和屯垦移民。军事移民当然是指驻军，特别要说的是屯垦移民。这种移民提出的原则是"无事则耕，有事则战"。这样，屯垦者很快多达十八万人。这中间，有很多是中原来的士兵，他们把家乡的农耕技术带了过来，因此此地很快农事发达，连那些中原来的人都不想走了。

四世纪初，中原发生了"永嘉之乱"，民众纷纷南逃和西逃，西逃的重要目标就是河西走廊的重镇凉州。西逃者中，有很多殷实的大家族、深厚的大学者，带来了高层级的生活方式。于是这里就更繁荣了，甚至被称为"小长安"。

四世纪初，儒家学者张轨到凉州任"刺史"，这就使凉州成了西北地区研习和传播中华文化的中心，其后陆续有郭荷、郭瑀、刘昞等大学者聚集，文化浓度越来越高。现代史学家陈寅恪曾经称赞这里虽然地处偏远，却能在频频战乱中保存汉代中原文化学术，直至融入隋唐文明，功劳实在不小。

在凉州，比中原文化更令人瞩目的是佛教文化。佛教在凉州发生的故事，无论是精彩程度还是密集程度，都远远超过了儒学。这些精彩的故事，主要发生在四世纪和五世纪。如果要与中原文化做比照，那正是陶渊明和谢灵运的时代。那个时代在中原发生的事情都比较黯淡，但是如果把目光投向西北，景象就完全不同了。

先是一个叫苻坚的国君发起的一次文化大争抢。苻坚是"十六国"时前秦的国君，他在夺得政权后，很想统一中国，因此在南征北战间恭恭敬敬地请了当时的名僧道安，作为自己的精神文化导师。但是，道安在讲了几次课之后告诉他，自己的学问还有欠缺，真正懂得大乘佛教教理的，叫鸠摩罗什，应该向他求教。

苻坚看了一眼年近七十高龄的道安，心想，让这么一位老人钦佩的人，该是多大年龄了啊，就问鸠摩罗什多大岁数了。道安回答，三十多岁。

这让苻坚吃惊了。一位古稀学者居然推荐一位年轻学者，那位年轻学者必然是真有大本事了，就再问："您见过他吗？"

道安说："见不着，他住得太远了，在龟（qiū）兹。"龟兹，是一个重要的西域地名，在现在的新疆库车，以当时看来，简直是远在天边了。

符坚一想，再远也要把这位让古稀学者推崇的年轻人请来。但是，当时所谓的"请"，其实也就是"抢"。符坚打听到了，鸠摩罗什的母亲就是龟兹国王的妹妹，如此皇家要人，派几个黑衣侠客去抢肯定不能成功，唯一的办法是发动一场战争，派出一支庞大的军队去打龟兹，然后抢人。

他派出吕光将军，作为这场抢人远征的司令。终于，在三八四年，吕光赢得了战争，抢到了鸠摩罗什。抢到了，就要送回长安，但路途确实是太远了，走了一半，才到凉州。到了凉州，吕光将军听到一个惊人的消息，派他出来抢人的国君符坚已经下台。符坚先是惨败于著名的淝水之战，后又被杀。吕光想：既然这样，我们为什么还要回长安呢？干脆，在凉州住下得了。反正有军队，一切都能安顿下来，他就做起了凉州的统治者。

那么，被他抢来的鸠摩罗什该怎么处理呢？吕光对他的学问并不太懂，但知道他是人人争抢的宝贝，必须严加看守。就这样，鸠摩罗什在凉州住了整整十六年。

鸠摩罗什在龟兹，乃至整个西域，都是最高等级的佛教学者。这么一位大学者滞留凉州十六年，能做什么呢？除了继续精修佛理外，他还在汉语学习上下了极大功夫。正好吕光派到他身边看守的那些士兵，来自中国很多地方，鸠摩罗什也顺便学会了很多汉语方言。十六年，已使他成为一位精通汉文的语言学家，这为他后来在长安主持翻译工作，起到了极大的作用。他在中国历史上，是一位与唐代玄奘齐名的大翻译家。玄奘的很多翻译，还要沿用他的经典译法，例如《心经》里的名句"色即是空，空即是色"，就是鸠摩罗什的译法。

说到他到长安主持翻译工作，那又是另一场文化争抢大战了。原来，新的后秦君主姚兴突然想到前辈有一个稀世宝贝遗落在凉州了，就下决心要抢回来。凉州怎么肯放？因此姚兴派出十万雄师讨伐凉州。结果，四〇一年，鸠摩罗什被姚兴抢到了，来到了长安。

同样是由长安出发的争抢，第一次，鸠摩罗什还很年轻；但是，当他真到长安时，已经五十七岁。

为了争抢一位文化人、一位哲学家、一位佛学家、一位翻译家，居然一次次派出重兵，而争抢的路途又非常遥远。这样的事情，虽然有点儿荒唐，却让我敬佩。发生这种事情的中国，一定会孕育一个伟大的时代。

对凉州来说，几十年的马蹄，一会儿挟着一个文化大师来了，一会儿又挟着文化大师走了。但是，文化不像财富、权势那样，被抢走就没有了，文化有根，有气，有脉，只要来过就播下了种子。抢走了一位文化大师，却抢不走那里已经形成的文化氛围。没有了鸠摩罗什的凉州，依然是文化中心。

因此，在鸠摩罗什被抢走的三十八年之后，又有浩浩荡荡的军队来抢文化了，那就是我前面讲到的北魏王朝的军队。他们的胃口很大，一口气抢走了三万多人。

被争抢走的凉州文化，在各地蔚然成风。首先是大同的云冈石窟，尤其是处于中心地位的"昙曜五窟"，接着是洛阳的龙门石窟，最终落脚于长安。几乎整个黄河流域，都被凉州渗透了。

凉州因为在文化上功劳巨大，竟然获得了不可思议的报偿，那就是出现了一个归结性的世界级盛典。公元七世纪初，隋炀帝在凉州举办了一次隆重的"世界博览会"。

隋炀帝即位后，便接受裴矩关于进一步拓展西域商路的建议，让河西走廊和凉州又一次鲜明地进入朝野视线。山西人裴矩目光远大，在我看来，他是当时少有的"宏观经济学家"。他以"互市"的观念来反对古代的贸易保护主义，而且编制《西域图记》标明丝绸之路的三条行经路线，因此是重新疏通国际通道的关键人物。正是在他的鼓动下，隋炀帝在六〇九年到河西走廊上与凉州并列又相邻的张掖，举办了一场由西域二十七国参加的贸易盟会。

隋炀帝下令，凉州、张掖两地的仕女必须盛装出席。除了大量商品的展示外，凉州乐舞、西域诸艺和中原艺术家悉数会聚。参与的人群，摆出了延绵数十里的阵仗。

这是一次真正意义上的古代"世界博览会"。初看似乎以贸易为重点，其实是中原王朝与西域各国全方位交流的重新启动。

隋炀帝是中国历史上唯一亲临河西走廊的中原帝王。他亲自重新疏通丝绸之路的壮举，让我联想到他的另一壮举——开凿大运河。一条横向的走廊，一条竖向的运河，这实在是中华文明的两大命脉。他在位仅仅十四年，竟然准确地握住了这两大命脉，实在很不容易。不少史书对他颇有贬抑，因为他过于好大喜功、奢靡无度，但是我对他的一些大思路，却颇为肯定。

隋炀帝一死，唐朝就建立了。唐朝的话题很多，但显然一直保留着浓重的凉州风范。在此，我们不妨看两首《凉州词》。

一首是王之涣的：

黄河远上白云间，一片孤城万仞山。羌笛何须怨杨柳，春风不度玉门关。

另一首是王翰的：

葡萄美酒夜光杯，欲饮琵琶马上催。醉卧沙场君莫笑，古来征战几人回？

这种豪放乐观的壮士情怀，正是唐文化的主调。那么多唐代诗人心中，怎么也放不下这个凉州。

第十六节
长安：世界性的生活方式

终于到了唐代。

唐代是中国文化的最高荣誉所在，因此，也是中国文化取得世界身份的最高一级台阶。

最高台阶，总是具有标志意义。因此，"唐"这个字，常常成为中国、中国人、中国文化的简单标记。世界各地的"唐人街"，以及"唐装"、"唐服"、"唐乐"，都是例证。

唐代，不仅在中国是至高坐标，在世界也是至高坐标。这并不是中国人做出的判断，而是世界共识。记得我到国外一些著名古城的遗址参观时，总会遇到这样的讲解："这应该是七世纪世界上最壮丽的城市。"观众们自然地等待着讲解员不能不说的下半句："当然，除了长安。"在埃及的卢克索，一位胖胖的女讲解员在说，卢克索的古名叫迪比斯，是整个古代世界的顶端城市。刚说出这一句，她瞟到了几个中国人的脸，就赶紧笑着说："当然，我没有把中国唐代放在里边。"

国际上历史学家的论断就更多了，我作为一个中国人不好意思多加引述，但对一位着意构建"二十一世纪全球通史"的美国历史学家斯塔夫里阿诺斯有点儿兴趣。他在最新版的《全球通史》中做出这样的论断：罗马崩溃之后欧洲进入了中世纪时期，而中国则突飞猛进，一直是世界上人口最多、最富饶、最先进的国家。从六世纪到十六世纪，中国文明以其顽强的生命力和对人类遗产的巨大贡献，始终居于世界领先地位。

七世纪，当长安城人口多达百万的时候，罗马城的人口已不足五万。即使是以前还没有衰落的罗马古城，在面积上也只有长安的七分之一。而西罗马帝国灭亡后的欧洲，处处弥漫着中世纪神学极端主义的阴云，经常燃起焚烧"异教徒"的火堆。

再从欧洲往东边看，曾经气魄很大的波斯帝国已经在七世纪中叶被阿拉伯势力占领。唐朝为了保护他们的王室，还设立过"波斯都护府"。印度，在差不多的时间因戒日王的去世而陷于混乱。当时世界上比较像样的首都，除了长安之外还有君士坦丁堡和巴格达。君士坦丁堡是拜占庭帝国的都城，是联结东、西方的枢纽；巴格达是当时气势如虹的阿拉伯帝国的中心。但是，把这两大都城加起来，还不到长安城的一半。

大家记得，我在讲述"文化的定义"时已经表明，文化，首先是一种习惯了的精神价值和生活方式。那么，先说生活方式吧。我必须告诉大家，唐代长安已经习惯了一种世界性的生活方式。这恰恰是唐代文化的重要基础。

首先，当时的长安人过着一种没有国界的商业生活。

长安城占地八十多平方公里，其中有两个商市，一个叫东市，一个叫西市，各占一平方公里，加在一起占长安城的四十分之一，面积似乎不大。但是不管是东市还是西市，各有一个"井"字形的街道格局，划成九个商业区。相比之下，西市更集中了大量外国客商，比东市繁荣得多。

东市虽然没有西市繁荣，但也是够热闹的。我在《仰望长安》一文中曾经引用了一个日本和尚圆仁的日记。他到长安来研习佛法，住在东市。那天，他在日记里写道：六月二十七日东市在半夜失火，烧毁了曹门以西二十四行的四千四百余家商铺。

这个日记，是一份重要的经济资料。一场大火烧掉了东市曹门外二十四行的四千多家商铺，那么东市一共有多少行？据说有二百二十行。那请推算一下，一共应该有多少商铺？这还只是在不太繁荣的东市。西市会是什么样呢？

西市一派异域情调，而这种异域情调是长安城的主调。饭店、酒肆很多，最吸引人的是"胡姬酒肆"，里边的服务小姐都是从中亚和西亚过来的美艳姑娘。在酒肆周围，处处可见拜占庭风格的建筑、罗马的艺术、印度的杂技魔术，很多店铺喜欢装饰希腊的缠枝卷叶忍冬花图案。

我前面说过，波斯被阿拉伯人占领了，但在长安街上，既能看到波斯人，也能看到阿拉伯人。我在史料中并没有发现他们互相寻衅斗殴的记录，大致算是相安无事。波斯人在战场上是输家，但在商场上却是赢家。宝石、玛瑙、香料、药品，都是他们在经营。更让人耳目一新的是，波斯服装风靡长安。现在伊朗女性的服装有颇多限制，但在那个时代正好相反，她们因大胆、时尚而引领潮流。不仅衣料很薄又有美丽图案，而且紧身、低胸，经常变换，让各国女子，特别是中国女子大开眼界。现在我们在敦煌壁画中，还能看到波斯服饰的美丽踪影。

长安街头，外国人很多。三万多名留学生，其中日本留学生就前前后后来过一万多。留学生也能参加科举考试，仅仅在唐代晚期，得中科举的新罗（朝鲜）士子就有五十多名。科举制度实际上是文官选拔制度，因此这些外籍士子也就获得了在中国担任官职的资格。他们确实也有不少留在中国做官。

不仅有这么多外国留学生和外国考生，更难得的是，朝廷还对他们极为重视。几年前，西安出土了一个方形的墓碑，上面刻有墓志铭。墓主是一个十九岁的日本留学生，他在长安去世了，中国皇帝居然亲自给这个外国留学生写了墓志铭。墓志铭中提到"日本国"，这是历史上第一次正式在汉文中出现"日本"两字。二〇〇五年，我去东京参加联合国世界文明大会，日本正在纪念唐代留学生墓志铭这件事，我也应邀参加了隆重的仪式。我在仪式中想，才十九岁的一个外国孩子，唐朝皇帝居然亲自写墓志铭，这是一个什么样的朝代啊！

因此，十几年前西安市决定修复唐王朝皇宫所在地——大明宫遗迹，日本政府决定对基础工程出资援建。我是这一遗址修复工程的文化顾问，知道这是国外对唐朝的一种报恩。

有一位波斯人，被唐王朝派遣到拜占庭帝国做大使。请注意，他是波斯人，却是唐王朝的大使！他的名字，在中国史册中叫"阿罗喊"。当代日本学者羽田亨认为，"阿罗喊"就是"亚伯拉罕"，犹太人里一个常见的名字。既是波斯人，又是犹太名，极有可能是一个居住在波斯的犹太人。

一个波斯犹太人居然担任了中国大使，去了拜占庭上任。由此也证明，唐朝由于处于世界性的生活方式之中，一切界限都有可能消除。

这种世界性的生活方式，又发生在一个世界级的城市环境中。长安的朱雀大街，宽一百五十五米，比巴黎的香榭丽舍大道还要宽三十多米。长安的街道两边都安置了下水道，下水道边上种植了榆树和槐树，旁边还有一米左右宽的人行道。

长安城里划分成一百零八坊。每当太阳下山之后，长安就宵禁了，把一个个坊关起来，市民只能在坊内活动，以此来维持一个国际级大都市的秩序和安全。市民如果觉得不太自由，可以移居到东边的洛阳或四川的成都去。最自由的地方是南方的扬州，它已经是一个有大量外国船只来来往往的码头，而日夜的生活更是富裕放达、无拘无束。因此，"腰缠十万贯，骑鹤上扬州"，是很多唐代人的梦想。

第十七节
精神格局和整体诗性

　　我们已经明白，唐代长安普及了一种世界性的生活方式。这种生活方式中显然包含着精神价值，两者合在一起就构成了我所定义的文化。大家都知道唐代拥有充分的精神价值，但奇怪的是，它没有主体信仰，在精神上非常开放。

　　唐太宗李世民本来并不怎么信仰佛教，他自称是老子后裔（都姓李），曾下令"道先佛后"。后来因为要欢迎玄奘从印度取经归来，并向玄奘请教，信仰发生了变化，还亲自为玄奘翻译的《瑜伽师地论》写了序言，那就是大家知道的《大唐三藏圣教序》。

　　唐代让我特别佩服的是，收容了不少已经被毁灭的外国宗教。不管是摩尼教，还是拜火教，在原来的流传地都遭遇了不幸。摩尼教的创始人摩尼，被处以死刑，死得非常惨，但在唐朝却建造了摩尼教的道场。拜火教，又叫祆教，也叫琐罗亚斯德教，这个教曾经迫害过摩尼教，后来被伊斯兰教消灭了，但在唐朝死而复生。仅仅在长安的朱雀大街上，就有拜火教的四座教堂，而且建得都很好。

唐代在宗教上的成功，造成了一个极好的精神成果，那就是此后的中国一直没有产生过"一教独大"的现象，随之也没有产生过宗教极端主义。

唐代也不在乎文化意义上的"精神主体"和"国家哲学"。它的"国家哲学"就是"道无常名，圣无常体，随方设教，密济群生"。

对此，我可以做一个散文化的比喻——春天时节来到一个生机勃勃的山谷。

问山谷主人："你喜欢哪一种花？"

主人说："我喜欢每一种花。"

再问："难道不能精选出一种吗？"

主人说："选了一种，就没有了春天。"

这就是唐代的精神价值。

讲过了生活方式和精神价值，按照我的文化定义，可以深入到集体人格了。

唐代的集体人格中，能够明显找到北方大漠狼烟的成分。还记得孝文帝下令，要求鲜卑族贵族与汉人通婚吗？现在看到最明显的血缘成果了：唐高祖李渊和唐太宗李世民的生母都是鲜卑人。李世民的皇后也是鲜卑人。结果，唐高宗李治的血统，四分之三是鲜卑族，四分之一是汉族。

这个让所有中国人世世代代都骄傲的唐朝，它的皇家血脉，居然是这样的构成。历史上最健全集体人格是怎么构成的？这里似乎隐藏着某种"另类答案"。

进入了集体人格，即便并无血缘，也被裹卷。如果说，包括鲜卑族在内的北方少数民族和西域人士，都被习惯地通称为"胡"，那么在唐代，"汉人胡化"盛极一时。大家不仅听胡乐，吃胡食，而且在人生格调上也转向轻健勇猛。用李白的诗句来概括，就是"儒生不及游侠人"。就连最文雅的王维，也十分赞赏这样的青春形象，他的诗中有这样的句子："少年十五二十时，步行夺得胡马骑。"

"胡化"，是在冲破狭小心理空间之后，对生命力的高度活化。这种活化，使中国文化的集体人格中，增加了"呼鹰"、"挥鞭"、"仗剑"、"杀虎"等强悍的气息。随之而来，衣服也开始流行小腰身，连女子化妆，也以"髻堆面赭"为时尚，也就是把发髻束起来，不再做鬓角装饰，也不再追求脸白唇红，反而故意以深色涂脸，还把嘴唇的颜色涂得更深，近似黑色。这一系列细节，都在崇尚豪爽刚健的野外行动风尚。

在这些外部形象之中，包裹着一种惊人的青春气息。

唐代集体人格最诱人的就是这种青春气息。这种青春气息，我们在诸子百家中没有见过，他们总是显得过于老成。在秦汉王朝也没有见过，在那里，即使是年轻人也被巨大的社会职能掩盖了年龄。在魏晋名士中倒是见过，但他们过于凄美而短暂，总是昙花一现。唯有在唐代，青春勃发成了主要的人格特征。

唐代集体人格中的青春气息，保留着很多天真的成分。睁大眼睛看奇妙的世界，一直保留着学习的心态，于是处处有发现，时时有好奇。

唐太宗的墓葬，最能体现一代集体人格的极致状态。

世界上没有另一位帝王的陵墓会是这样精彩。什么话也不说，只用墓主骑过的六匹战马的浮雕来概括一生。须知，墓主是一位千言万语也说不尽的盛世开拓者，但他不要千言万语，只要这六匹马。

这个构思已经充分表明，墓主的人格核心是什么。

昭陵六骏之拳毛䯄

唐太宗的陵墓昭陵，比之于有着无数兵马俑守护着的秦始皇陵墓，有一种以小博大的智性、个性、灵性、诗性。六匹战马并不是人，却能产生对一个人的无限想象，而且能把这个人漫长的生平贯通，实在是充满诗意的构思。

这个构思能够成立，还取决于一种宏大的集体心理，那就是唐代朝野上上下下都要接受让六匹无言的战马来象征一个帝王、一个帝国。这似乎不太可能，但在唐代，大家竟然接受了。由此可知，六匹战马的浮雕，早已成为当时的"社会公共图像"，成为六首全民都可吟诵的"组诗"。

你看，连陵墓都在写诗了，这就说明，唐代的集体人格，从生到死，都是创造性的，艺术性的，充满诗人情怀的。而且，鉴于大家都乐于接受，证明唐代出现了人类历史上十分罕见的"整体诗性"。

一讲到"整体诗性"，我们就会兴奋起来，因为显然要面对重点中的重点——伟大的唐诗了。

唐诗就像一个非常堂皇的古典庭院，我们不能急匆匆地随脚踏入，而应该稍稍停步，整理一下自己的衣衫，然后抬头仰望一会儿，想想此前对这个庭院有什么样的猜测和误会。

对象越伟大，越容易产生误会。

粗粗一想，现在的人们常常会对唐诗产生一些似是而非的理解，例如：

一、以为在唐代，大家都在背诗；

二、以为凡是唐诗都写得很好。

这些误会，把平庸混同于天赋，把记忆混同于创新，把流行混同于佳作，尤其是把惯性混同于诗性。

所谓诗性，其实是一种不可重复的创造敏感，敏感于自然和人性之美。如果把这种敏感变成了可以无限重复的搭建，这个误会就大了。

为此，我对目前社会上引导青少年大量背诵唐诗和其他古诗的风潮不太认同。对此我想多讲几句，因为听说我们这个课程的很多学员也进入了这个误会。

优秀的唐代诗人，并不愿意背诵太多别人的诗。因为他们心里都明白，优秀作品一旦产生，就变成了一种不可被别人介入的凝结体。它们已经占据了特定的表达方式，剥夺了别人再度运用的权利。也就是说，一个诗人背诵别人的诗，并不是提醒自己应该怎么写，而是提醒自己不应该再这么写。既然如此，一个处于良好创作状态下的诗人，怎么会让许许多多从外面捡来的障碍挡住自己的路？

读得太多的群体，一定是创作才华比较缺少的群体；同样，读得太多的时代，一定是创作思维比较僵化的时代。

那么，优秀的创作者会读一些什么呢？唐代诗人回答道，他们读山水、读天地、读人心、读自己。

因此，如果现在老师和家长要孩子们背诵一些古诗，让孩子们领略古代诗人"读山水、读天地、读人心、读自己"的美好成果，是一件好事。但是，如果老师和家长在背诵古诗的数量上提出了过分的要求，甚至要他们到外面参加比赛，那就应该警惕了。

不妨请孩子们回想一下，当你们一起结伴出去游玩的时候，有这样一位同学，他到任何一个地方都会背出与这里的风景有点儿近似的古诗，大家的感觉是什么？大家开始一定会觉得佩服，很快会觉得不合时宜，影响了当天无拘无束的心情，接下来，谁也不想跟他玩了。

那么，我要走到这位被大家抛弃了的孤独同学面前，劝告他：如果你真的热心于诗，那就应该挖掘自己内心深处的诗性，而不要对别人的作品"倒背如流"。这就像，你如果有志于做一名好厨师，那就不要在门口大声背诵历来的菜谱。

谁都知道，能把菜谱背诵得抑扬顿挫、声情并茂、一字不差的，一定不是好厨师。

这就牵涉到另一个误会了，以为菜谱上的都是好菜，以为唐诗都是好诗。

唐朝到底出过多少诗？实在无法统计。但在一千年后的清代编的《全唐诗》，收了四万九千多首，作者两千八百余人。这是颠荡了一千年后的剩余，那么当时茂盛的景象就可以猜想了。这么庞大的体量，对艺术创作而言，绝大多数必定是平庸之作，值得后人吟读的比例很小。我倒是认真地翻阅过《全唐诗》，知道平庸之作具有古今中外类似的共通毛病，那就是一眼看去十分脸熟，却又吞吞吐吐地让人提不起精神。因此我坚信，要让唐诗保存一个好名声留之于历史，必须做的事情是一遍又一遍地精选。唐诗在历史上的好名声，都是由那个极小的比例带来的。

我在第二册《记住这些名字》中花费不少篇页介绍了唐代几个最重要的诗人，又在第三册《熟读这些作品》中精选了当代青年应该背诵的唐诗篇目，希望大家注意。

第十八节
宋朝的生态文化

如果说，唐代是中国文化的高扬期，那么宋代就是中国文化的精粹期。

如果唐代文化像浩荡瀑布，那么宋代文化就像是承接瀑布的大湖。它没有瀑布那么壮观、有力，却把瀑布的道道流脉收纳了、汇聚了、融合了。

瀑布也会因为撞到半山岩礁而水花四溅，但毕竟高度犹在，气势犹在，力量犹在，总能喧嚣而下。而下面的大湖却失去了高度，失去了气势，失去了力量，虽然风光无限却鱼龙混杂、乱石嶙峋、浊流横注。而且，瀑布很难被骚扰，而大湖却可能随时被侵入。

因此，看似平静的大湖，必然比瀑布复杂得多、混乱得多、危险得多。

我们前面曾经讲到，从北魏通向唐代的过程中，以鲜卑族为代表的一些马背上的少数民族，既让自己"汉化"，又让汉人"胡化"，变成了相互激励、相互塑造的一个个双元结

张择端《清明上河图》(局部)

构，产生了辉煌的正面成果。但是事实证明，这种既"汉化"
又"胡化"的双元结构也掩盖了很多矛盾，时时有可能爆发。
例如那个安禄山，父亲是西域人，母亲是突厥人，应该算是
一个胡人吧，他的叛乱让胡、汉之间重新审视，发现根本裂
痕没有消除，而且远比想象的严重。到了宋代，一切都摆到
桌面上来了。

你看北方契丹族建立的辽，立国时间早于宋朝，领土面
积大于宋朝，宋朝哪里是它的对手？然后是西北方向党项族
建立的西夏，一次次进攻宋朝，宋朝也屡战屡败。再后来，
辽的背后女真族建立的金，领土也比宋大，先把辽灭了，又
来灭宋。总之，几乎周边所有的力量都与宋朝过不去。

不仅过不去，而且这些力量已经不是一支支处于分散状
态的游牧部落，而是早就从大唐、大宋学习了大国风范、统
治结构、军事谋略。因此宋朝面对的已经不仅仅是呼啸的马
队，而且是一拨拨智商很高的强大对手。这样一来，宋朝，
总是在听一份份触目惊心的战报，总是在找一支支"精忠报
国"的队伍，总是在想一个个"拉谁打谁"的诡计，总是在
发一声声"国破家亡"的感叹。这还是在说周边环境，如果
再说由此引发的朝廷内讧、重重党争、奸臣忠臣、变与不变，

那就更是一团乱麻了。

很多历史学家在说宋代的乱局时，也出现了观念上的错乱。最大的错乱是把军事得失、宫廷争斗，当作了历史的唯一主调，因此极度夸张。其实，真的历史主调并不在这里。

难道除了军事得失和宫廷争斗，历史还有别的主调？我知道，这个想法一定会让很多朋友感到诧异，因为他们早就习惯于在奏折、圣旨、战报中来看历史。要改变这种习惯很难，但我终于得到了一个帮手。

那是在几年前，中国举办了一次世博会，作为主馆的中国馆，应该陈列一件最能概括中国历史的作品，最后选中了《清明上河图》。展出之后，所有中外观众，没有任何异议。

《清明上河图》反映的就是宋代。但是请注意，这幅五米多长的画卷里，画了五百多个各色人等，却没有皇帝、皇后，也没有大臣、将军。

这是对宋代首都汴京一段河边街道的真实描绘，主要表现热闹的商业景象和市民生活，有饮食摊、杂货摊、茶座、酒店，还有大量卖花、卖刀、卖卦的各种小贩和拉船的纤夫。画中有大小船只二十几艘、车轿二十几辆、骡马五十余匹，真是一片繁华。

看到了没有？ 生态，也就是广大普通民众的基本生活方式，才是历史的主调。

我在讲述唐代长安的时候，曾经引用一位日本和尚的日记，提到某夜一场火灾烧掉了长安东市几千家商铺。 我说，这短短一句话，却是一份重要的财经资料。 可惜，这只是一个外国和尚在惊慌失措间写下的日记，而不是我们宫廷史学家的记录。 我们宫廷史学家的目光，主要集中在离东市不远的宫墙里边，那里哪怕发生一次无聊的争吵，也会被郑重地写入史册，让后代学者全都跟着走，成了一部与宫墙之外的百姓生活没有多大关系的奇怪历史。

因此，我今天要郑重地告诉年轻的读者朋友，按照国际认可的现代历史哲学，全民生态史的地位，远远高于宫廷斗争史。 可惜，你们听到的故事，读到的课本，常常是颠倒轻重的。

在学习历史的时候，我们更应关注的是生态变迁、人口增减、农业收成、自然灾害等方面的历史状况，连饮食方式、交通状况、婚丧礼仪也值得注意，而不能再把皇帝的笑、妃子的哭、大臣的阴、将军的狂，当作历史的主调。

感谢那位记日记的日本和尚，更感谢《清明上河图》的作者张择端，他们提供了正统史册之外的另一种历史。现在才知道，这才是更重要的历史。

历史观念转变了，我们就会发现，在整体生态质量上，宋代确实很好。抓住了这个龙头，宋代就不乱了。

说宋代的生活方式，首先要与我们高度赞扬过的唐代来比一比。

与《清明上河图》里的汴京一比，唐代长安的西市和东市就太局促了。汴京没有"坊"的限制，完全开放，自由流通，仅仅手工业就比唐代的长安多了四倍。

作为一个农业大国，宋代的水稻种植面积比唐代扩大了整整一倍。种植技术更是迅速提高，江浙一带的水稻亩产量，已达到八九百斤。蚕桑丝织和瓷器烧制进入了高度专业化的生产阶段，产量和质量都突飞猛进。城镇总量已接近两千，城市人口占到了全国总人口的百分之十二。就是在宋代，中国人口突破了一亿大关。

据美籍历史学家黄仁宇先生的统计，当时的商品流通量，如果折合成现在国际上的价格，已达到六十亿至七十亿美元。毫无疑问，是当时世界之最。

生活方式的拓展和提升，也必然带动了精神价值的拓展和提升。宋代在科学技术上的创造力，达到了整个中国古代史的高峰。例如，宋代把雕版印刷推进到了活字印刷，把火药用于战争，把指南针用于航海。这些技术传到西方后，极大地推动了人类文明的进程。在宋代，还出现了一系列重要的科技著作，像沈括的《梦溪笔谈》、秦九韶的《数书九章》、宋慈的《洗冤集录》等。各门学科都出现了一种认真研究的专业气氛。

我在三十多年前写作《中国戏剧史》时，曾花费不少时间研究宋代的市井生活，仔细地阅读过《东京梦华录》、《都城纪胜》、《梦粱录》、《武林旧事》等著作，知道了北宋都城汴京和南宋都城临安，都已经形成相当精致的市民社会。与此相应，教育也突破了唐代后期的门阀权势，呈现出平民化、普及化的趋势，科举制度扩充了规模。总体来说，宋代在中国古代史中，是文化教养最高的朝代。

宋代的文学、艺术、哲学，更不待说。

我不想急急地搬出苏东坡、朱熹、陆游、辛弃疾、郭熙、梁楷来说事，而要特别指出宋代的一个重大文化走向，那就是文官政治的正式建立。

宋代的文官政治是真诚实施的，而不像其他朝代那样只把文化当作一种装扮。

在中国古代，一切官员都会有一点儿谈论经典、舞文弄墨的本事，一切文人也都会有一点儿建功立业、修齐治平的雄心。因此，要制造政治和文化的蜜月假象十分容易，要在文化人中选一批谏官、谋士、史笔、文侍也不困难。难的是，能不能选出最具代表性的文化灵魂来问鼎最有权力的官僚机器。历来几乎没有哪一个时代能够回答这个问题，但是，宋代回答了。

你看，范仲淹、王安石、司马光，这些人如果没有当政，他们在文化上也是一代宗师。但是，他们又先后担任了朝廷的最高级别行政首脑。

既然认认真真地实施了文官政治，那么，由文官政治的眼光看出来的官场弊端和社会痼疾，能不能进一步消除？这个问题也必须交给文官自己来回答。回答得好不好，决定着中国以后的统治模式。

先是那位一直抱持着"先天下之忧而忧，后天下之乐而乐"这种高尚情怀的范仲淹，提出了以整顿科举制度为核心的吏治改革方案，目的是让宋朝摆脱冗官之累而求其强。十余年后，王安石更是实施了牵动社会整体神经的经济改革方案，目的是让宋朝摆脱冗费之累而求其富，而且立竿见影，国家的财政情况果然大有改观。但是，司马光则认为天下之富有定数，王安石式的国富必然导致实质性的民穷，而且还会斫伤社会的稳定秩序，因此反对变法，主张"守常"。

王安石和他的政敌司马光，包括他们前前后后的范仲淹、欧阳修、苏东坡，这些人文学者在十一世纪集体呈现的高度政治才华，使中国政治第一次如此浓烈地焕发出理想主义的文化品性。

宋代文化气氛的形成，与文官政治有关，但实际成果又远远超越了政治。

大概在宋朝建立一百年后，一些高水准的哲学派别开始出现。

宋代哲学思想的黄金时代大约延续了一百三十年，其间真是名家辈出、不胜枚举：周敦颐、邵雍、张载、程颢、程颐、杨时、罗从彦、李侗……终于，一个辉煌的平台出现了，朱熹、陆九渊、吕祖谦、张栻、陈亮、叶适等一众精神巨匠，相继现身。如此密集的高层智能大迸发，只有公元前五世纪前后即中国的诸子百家时期和古希腊哲学的繁荣时期，才能与之比肩。

朱熹是一个集大成者。他的学说有一种高贵的宁静，企图为中华文明建立一个包罗万象的永恒体系，并为这个永恒体系找出一个唯理论的本原。他找到了，那就是天地万物之理。因此，他也找到了让天地万物回归秩序的理由，找到了圣人人格的依据，找到了仁义礼智信的起点。

为此，他在儒学各家各篇的基础上，汲取佛学和道学的体系化立论法则，对天地万物的逻辑进行重新构造。他希望自己的思考能够获得感性经验的支持，因此用尽了"格物致知"的功夫。而且他相信，人们也只有通过感性经验才能渐渐领悟本原。

朱熹长期担任地方官，对世俗民情并不陌生，太知道普天之下能够理解这种高层思维的人少之又少。但是，他没有因此而停步，反而越来越把自己的思维推向缜密与完整。他是这样，他的诸多同行，包括反对者们，也努力想做到这样。这种精神博弈必须建立在足够的文化基座之上，建立在心照不宣的文化默契之上。只有宋代，具有这样的基座和默契。

正由于对世俗民情的了解，朱熹又要在高层思维之余设计通俗的儒学行为规范，进行教化普及。这种设计，小而言之，关及个人、家庭的涵养观瞻；大而言之，关及国家、社稷的仪态程序。他想由此使自己的唯理哲学付诸实践，使天下万物全都进入合理安排。这种企图，并没有流于空想，而是切切实实地变成了"三纲五常"之类的普及性规范，传播到社会各个阶层。

在这方面，负面影响也是巨大的。因为这显然是以一个抽象的理念压抑了人性，否定了个体，剥夺了自由。好在这是在宋代，朱熹的设计遇到了强大的学术对手，例如陆九渊、陈亮、叶适他们。这些学术对手所播下的种子，将在明代开花结果，尤其在我家乡的王阳明手上将爆发一场以"心学"为旗帜的思想革命，为近代思维做出重要的远期铺垫。

因此，再权威的思想体系，只要出现在"对手如林"的良好学习气氛中，而且这些对手又足够强大、足够公开，那就能避开专制思想的祸害。宋代为朱熹提供了这样的学术气氛，因此也造就了一个令人尊敬的朱熹。可惜，到了明、清两代，这种学术气氛被专制思想所替代，朱熹的形象也被蒙污。

元杂剧壁画（山西广胜寺水神庙）

国文人无路可走，其中比较有艺术才情的一部分人就混迹于越来越火热的表演团体之中，为它们打造各种本子。于是，剧作家队伍形成了。

少了两个阻碍因素，多了两个辅助因素，戏剧艺术自然就蓬勃而起、一鸣冲天。

在天地宇宙的力学天平上，一种长久的失落会引起强力反弹。中国在戏剧的事情上憋得太久远、太窝囊，于是在十三世纪"报仇雪恨"、全然平反。照王国维先生的说法，元剧已经可以进入世界坐标，而且毫无愧色。

于是，中国文化史中要增添一些名字了，例如关汉卿、王实甫、纪君祥、马致远……如果耐下性子再等一等，等到明清两代，又会有汤显祖、洪昇、孔尚任、李渔等一大串名字出现了。

而且，戏剧的地位越来越高，连最有文化等级的君子们，也不得不对它刮目相看。且不说后来明代高层文化界对昆剧的百年痴迷，仅说元代的《窦娥冤》、《西厢记》、《赵氏孤儿》，就已经让大批君子顶礼膜拜了。金圣叹曾这样写道：

　　　《西厢记》必须扫地读之。扫地读之者，不得存一点儿尘于

胸中也。《西厢记》必须焚香读之。焚香读之者，致其恭敬，以期鬼神之通也。《西厢记》必须对雪读之。对雪读之者，资其洁清也。《西厢记》必须对花读之。对花读之者，助其娟丽也。《西厢记》必须尽一日一夜一气读之。一气读之者，总揽其起尽也。《西厢记》必须展半月一月之功精切读之。精切读之者，细寻其肤寸也。

文化史上还有哪些杰作，值得金圣叹如此恭敬呢？显然，戏剧在中国完全站住了脚。

第二十节
明清两代的沉闷

元代之后，是长达五百多年的明清两代。不管从哪个角度来判断，这都应该是中国文化的繁荣期，但事实并不是这样。

而且，如果放眼世界，正是在明代，欧洲从中世纪的梦魇中苏醒了。苏醒之后精力旺盛，文化灿烂。相比之下，中国文化的整体格局和气度，在明清两代显得弱了，散了。

造成这一切的起点，是朱元璋开始实施的文化专制主义。

与秦始皇的焚书坑儒不一样，朱元璋的文化专制主义是一种系统的设计、严密的包围、整体的渗透、长久的绵延。

由草根起家而夺取了全国政权，朱元璋显然有一种强烈的不安全感。他按照自己的政治逻辑汲取了宋朝和元朝灭亡的教训，废除宰相制度，独裁全国行政，滥用朝廷暴力，大批诛杀功臣，强化社会管制，实行特务政治。这么一来，国家似乎被严格地掌控起来了，而社会气氛如何，则可想而知。

不仅如此，他还直接问津文化。他在夺权战争中深知人才的重要，又深知掌权后的治国更需要文官。他发现以前从科举考试选出来的文官问题很大，因此经过多年设计，为科举考试制定了一套更严格的规范。那就是考题必出自经书，阐述必排除己见，文体必符合八股，殿试必面对皇帝。这么一来，皇帝和朝廷，不仅是政治权力的终端，也是学位考试的终端，更是全国一切文化行为和教育事业的终端。

这一套制度，乍一看没有多少血腥气，却把中华文化全盘捏塑成了一个纯粹的朝廷工具、皇家仆役，几乎不留任何空隙。

当文化本身被奴役，遭受悲剧的就不是某些文人，而是全体文人了。因为他们存身的家园被围上了高墙，被划定了路线，被锁定了出口。时间一长，他们由狂躁、愤怒而渐渐适应，大多也循规蹈矩地进入了这种"文化—官僚系统"。也有一些人会感到苦闷，发发牢骚。尽管这些苦闷和牢骚有时也能转化为不错的作品，但无可讳言，中国文人的集体人格已经从根子上被改造了。

与此同时，朱元璋对于少数不愿意进入"文化—官僚系统"的文人，不惜杀一儆百。例如，有的文人拒绝出来做官，甚至为此而自残肢体。朱元璋听说后，就把他们全杀了。更荒唐的是，他自己因文化程度很低而政治敏感极高，以匪夷所思的想象力制造了一个又一个的"文字狱"，使中华文化笼罩在巨大的恐怖气氛之下。

"文字狱"的受害者，常常不是反抗者，而是奉承者。这个现象好像很奇怪，其实很深刻。

例如，有人奉承朱元璋是"天生圣人，为世作则"，他居然看出来，"生"是暗指"僧"，骂他做过和尚，"作则"是骂他"做贼"。又如，有人歌颂他是"体乾法坤，藻饰太平"，他居然看出来，"法坤"是暗指"发髡"，讽刺他曾经剃发，而"藻饰太平"则是"早失太平"。这样的例子还能举出很多，那些原来想歌功颂德的文人当然也都逃不脱残酷的死刑。

恐怖培养奴才，当奴才也被诛杀，那一定是因为有了"鹰犬"。

一个极权帝王要从密密层层的文翰堆里发现哪一个字有暗指，多数不是出于自己的批阅，而是出于"鹰犬"的告密。例如前面所说的由"法坤"而联想到"发髡"，就明显地暴露出那些腐朽文人咬文嚼字的痕迹，而不太符合朱元璋这么一个人的文字感应。

当"文化鹰犬"成为一个永恒的职业，"文字狱"自然得以延续，而恐怖也就大踏步走向了荒诞。

朱元璋在发展经济、利益民生、保境安民等方面做了很多好事，不失为中国历史上一个有能力、有作为的皇帝，但在文化上，他用力的方向主要是负面的，留下的遗产也主要是负面的。

他以高压专制所造成的文化心理气氛，剥夺了精英思维，剥夺了生命尊严，剥夺了原创激情，后果非常严重，就连科学技术也难以发展了。明代建立之初，中国的科技还领先世界，但终于落后了，这个转折就在明代。

到了清代，"文字狱"变本加厉，又加上一个个所谓"科场案"，文化气氛更加狞厉。一个庞大国家的文化灵魂如果长期处于哆哆嗦嗦、趋炎附势的状态中，那么它的气数必然日渐衰微。鸦片战争以后的一系列惨败，便是一种必然结果。

由朱元璋开始实施的文化专制主义，以儒学为工具，尤其以朱熹的理学为旗帜。看上去，这是大大地弘扬了儒学，实际上，却是让儒学产生了严重的质变。因为与专制暴虐联系在一起了，它呈现出了一种仗势欺人的霸气。其实，这并不是儒学的本来面目。

在朱元璋之后，明成祖朱棣更是组织人力编辑《四书大全》、《五经大全》、《性理大全》，并严格规定，在科举考试中，"四书"必依朱熹注释，"五经"必依宋儒注释，否则就算是异端。不仅如此，在社会生活的各个方面又把宋儒所设计的一整套行为规范如"三纲五常"之类也推到极端，造成很多极不人道的悲剧。

朱棣在如此推崇儒学的同时，又以更大的心力推行宦官政治和特务政治，如臭名昭著的东厂。这也容易让儒学沾染到一些不好的味道。由此，产生了两方面的历史误会。一方面，后代改革家出于对明清时期极权主义的愤怒，很自然地迁怒于儒学，甚至迁怒于孔子本人，提出要"打倒孔家店"，五四时期就出现过这种情况。另一方面，不少人在捍卫、复兴儒学的时候，也不做细致分析，喜欢把它在明清时期的不良形态进行装潢，强迫青少年背诵、抄写、模拟，营造出一种背离时世的伪古典梦境。

其实，早在明代中期，儒学因朝廷过度尊崇而走向陈腐的事实已经充分暴露，于是出现了王阳明的"心学"。

王阳明和他的学说都很优秀，充分展示了中国知识分子有可能达到的人格高度。但是，即使是他，对中国文化的整体格局也无能为力。

当时中国知识分子的集体人格是什么样的呢？直到明代灭亡之后，有些智者才做出了反思。例如，大家常常以"最有气节"的方孝孺作为分析对象。方孝孺一直被世人看成是旷世贤达、国家智囊，但当危机发生，要他筹谋时，他却每一步都走错了。大家这才发现他才广意高、好说大话，完全无法面对世事实情。但是等到发现已经来不及了，他与朝廷顷刻灭亡。

明代高层文化人的生态和心态，被概括为一副对联："无事袖手谈心性，临危一死报君王。"也就是大家都在无聊中等死，希望在一死之间表现出自己是个忠臣。平时即便不袖手旁观，最关心的也是朝廷里边人事争逐的一些细节，而且最愿意为这些细节没完没了地辩论。有时好像也有直言抗上的勇气，但直言的内容、抗上的理由，往往不值一提，甚至比皇帝还要迂腐。

笔锋犀利的清初学者傅山更是明确指出，这种喜欢高谈阔论又毫无用处的文化人，恰恰是长久以来养成的奴性的产物，因此只能称之为"奴儒"。他说，"奴儒"的特点是身陷沟渠而自以为大，无感世事而满口空话，一见英才便联手扼杀。傅山实在恨透了这么一大帮子人，骂他们是咬啮别人脚后跟的货色。

反思得最深刻的是黄宗羲、顾炎武、王夫之这些思想家，他们从最终根源上揭示了君主专制的弊病，振聋发聩。但是，究竟应该怎么办呢？他们却不知道了。

本来，明代有过一些大呼大吸，是足以释放郁闷的。例如，十五世纪初期的郑和下西洋，十六世纪晚期的欧洲传教士利玛窦来华。这样的事情，本来有可能改变中国文明的素质，使之转而走向强健，但中国文明的传统力量太强硬了，它终于以农耕文明加游牧文明的立足点避过了海洋文明，也在半推半就的延宕中放过了欧洲文明。这种必然选择，使明清两代陷于保守和落后的泥潭，严重地伤害了中国文明的生命力。

比较有效地排解了郁闷的文化力量，倒是在民间。

明清两代的小说、戏剧都比较发达。严格说来，它们原先都是民间艺术。民间，给暮气沉沉的明清文坛带来了巨大的创造力。

几部小说，先是由几代民间说书艺人说出来的，后来经过文人加工，成为较完整的文本。这些说书艺人，在不经意间弥补了中国文化缺少早期史诗、缺少长篇叙事功能的不足。这是真正的大事，至于具体哪部小说的内容和形式如何，倒并不重要。

中国文化长期以来缺少长篇叙事功能，而是强于抒情、强于散论、强于短篇叙事。这种审美偏仄历久不变，反映了中华民族的心理结构。我们有时会用"写意风格"、"散点透视"来赞扬，有时也免不了会用"片断逻辑"、"短程观照"来诟病。但是，这种几乎与生俱来的审美偏仄，居然在民间说书艺人那里获得了重大改变。

他们由于需要每天维系不同听众的兴趣，因此不得不切切实实地设置悬念、伸拓张力，并时时刻刻从现场反馈中进行调整。于是，他们在审美前沿快速地建立了长篇叙事功能。

从《三国演义》、《水浒传》到《西游记》，都是在做一种不自觉的文体试验。《三国演义》解决了长篇叙事的宏伟结构，顺便写出了几个让人不容易忘记的人物，如曹操、诸葛亮、周瑜。《水浒传》写人物就不是顺便的了，而是成了主要试验项目，一连串人物的命运深深地嵌入人们的记忆，使长篇叙事功能拥有了一个很好的着力点。《西游记》的试验在前面两部作品的基础上，寻求一种寓言幽默，而呈现的方式，则是以固定少数几个易辨角色来面对不断拉动的近似场景，十分节俭。

这几种文体试验互不重复、步步推进，十分可喜，但在中国毕竟是一种草创，还无法要求它们在思想内容上有什么特别的亮点。

在创作状态上，这几部小说也有一个逐步提高的过程。相比之下，《三国演义》稚嫩一点儿，还紧捏着历史的拐杖松不开手。到《水浒传》，已经学会把人物性格当作拐杖了。只可惜，结构的力度只够上山，上了山就找不到一个响亮的结尾了。《西游记》不在乎历史，活泼放任，多方象征，缺点是重复太多，影响了伸展之力量。

这些试验，竟然直接呼唤出了《红楼梦》，真是奇迹。中国文化不是刚刚拥有长篇叙事功能吗，怎么转眼间就完成了稀世杰作?

《红楼梦》和曹雪芹，话题很大，我将在《记住这些名字》那册中进行介绍。

除了小说，明清两代的戏剧也有创造性的贡献。

元杂剧诞生后快速走向辉煌，但元代太短，明清两代继续了这种填补。明代的昆曲，居然能让中国社会痴迷了一二百年，创造了人类文化史上又一个奇迹。需要说明的是，这是我的早期专业，我曾在很多著作中做过详尽论述，就连联合国把昆曲列为人类非物质文化遗产，也与我的这些论述有关。

明清两代的戏剧，一般都会提到《牡丹亭》、《长生殿》、《桃花扇》这三出戏。这中间，汤显祖的《牡丹亭》无可置疑地居于第一，因为它在呼唤一种出入生死的至情，有整体意义，又令人感动。而其他两出，则太贴附于历史了。

清代中晚期，以京剧为胜。与昆曲具有比较深厚的文学根基不同，京剧重在表演和唱功。

第二十一节
神秘的歌声

　　各位，我们的课程正面临着一个重要转折点，也就是中国文化史的大脉络至此已经基本完成。

　　我们是从五千年前四大古文明的比较讲起的，截止于十九世纪到二十世纪的交界口。大家和我一起经历了令人永远怀念的春秋战国、秦汉文明、魏晋时代、大唐大宋，直到元、明、清。这一番漫长的回顾，使我们产生了作为一个中国文化子民的充实感。

　　其他古代文化早就陨落、中断，而中国文化一直活着，这确实是人类发展史上的一个奇迹。但是，我们不能回避，到十九世纪末二十世纪初，它面临着一个重大生死关头。

　　十九世纪末，列强兴起了瓜分中国的狂潮。文化像水，而领土像盘。当一个盘子被一块块分裂，还怎么盛得住水？但是，大家对于这个趋势都束手无策。

　　更麻烦的是，即使盘子不裂，水质本身也早已发生了变化。由于长久的保守、极权、腐败，中国文化也已经散发出一阵阵让人皱眉的气息。

中国文化有一万个理由延续下去，却又有一万零一个理由终结在十九世纪末。因此，这一个"世纪末"，分量很重。

如果中国文化真的终结于十九世纪末，在世界文化史上，它也是一个巍巍长寿者了，而且还是唯一的。但是显而易见，中国文化不情愿，所有的中国人都不情愿。中国文化的生死关头，一个明显的拐点就是八国联军入侵中国的首都北京。这八国，就是英、美、法、俄、日、德、意、奥。一九〇〇年八月十四日，北京陷落。这次入侵的结果之一，就是订立了《辛丑条约》，除了承担种种"无与伦比"的勒索外，中国还必须赔偿四亿五千万两白银。当时的中国人口，正好是四亿五千万。

毫无疑问，这是人类史上最大的屈辱，而屈辱恰恰属于文化范畴。中华民族的集体人格，被碾碎，被唾弃。我们反复讲述的"中国文化的世界身份"，也被彻底践踏。

人们终于看到了，一种悠久的文化，正面临着死亡时的全部症候。即便最乐观的人，至此也只会念叨两个字：无救，无救，无救。那么，此后的历史将记载，中国文化在公元前二十一世纪跨入成熟文明的门槛，到十九世纪末灭亡，存世

敦煌藏经洞

四千年。

然而，就在这个濒临灭亡的关口，一些不可思议的怪事出现了。

第一件怪事是，八国联军进入北京的时候，"京师团练大臣"王懿荣壮烈自杀。他自杀，是为了不让中国首都的防卫官员束手就擒而成为外国侵略者证明胜利的道具。但是，历史留给他的更重要的身份是：甲骨文的发现者。三千多年前的伟大商朝，将因为他，以完整的文化形态震撼世人。

第二件怪事是，稍稍早几天，也就是八国联军从大沽口出发向北京进军的关键时刻，敦煌藏经洞被发现，七世纪的伟大唐朝，将以极丰厚的文化形态震撼世人。

两个都是重大文化事件，但为什么，不迟不早，恰恰出现在那几天？更奇怪的是王懿荣，把"自杀"和"发现"合于一体，为什么恰恰是他？

我相信，这不是巧合，而是中国文化背后的"天地元气"，在关键时刻发威了。

这两度发威的力量够大，因为一个代表着商代，一个代表着唐代。一个是世界古文明中最强大的朝代，一个是中国文化史中处于高峰期的朝代。

　　而且，这两度发威的规模都够大。并不仅仅是几件文物出土，而且是两个取之不尽的宏伟宝藏的面世，直到百年后的今天，人们还无法穷尽它们的深度和力度。

　　这两个重大文化事件充分证明：中国文化不甘就此灭亡，中国文化不愿就此终结。

　　我在北京大学讲授中国文化史时，故意把顺序颠倒过来，从中国文化濒临灭亡的时刻开始讲起。我说，当时的中国，已经被一群强人围殴之后倒地不起，奄奄一息。看来是没有什么希望了，但是，它突然听到了自己童年时代和青年时代的歌声。

　　那歌声来得很远，却带来了强大的生命信息，它浑身一抖，睁开了眼睛。然后，扶着墙，它慢慢地站起来了。

　　童年时代的歌声，就是甲骨文带来的商代文化。青年时代的歌声，就是藏经洞带来的唐代文化。

　　这两种歌声，都是文化。文化，在平时显得那么隐蔽，甚至躲藏在地下、躲藏在洞中，但是一到生死关头就出来了。在铁骑将军、君王大臣都束手无策、狼狈不堪的时候，文化却挺身而出，让苍茫大地认清自己是谁。

　　从甲骨文认起，从藏经洞认起，从商代和唐代认起。认清了自己的身份，一切都有了可能。

中国文化居然在世界强权的集体围殴中，在差一点儿失去全部身份的时候，取得了更确实的"世界身份"。

我把这两件怪事的发生，归诸我们无法理解的神秘力量。仰望苍天，冥冥之中真有一种无形的力量执掌着我们的兴衰吗？我在年轻时是不相信的，但越是年长，越是相信。这不是思维后退，而是思维的扩大，扩大到另一些维度，然后自认渺小，自认皈服。

中国文化终于没有败亡于世纪之交，这当然有很多其他因素，但是文化本身用一种特殊的方式发言了，这实在非常惊人。

在生死存亡的关口又活了过来，这是中国文化从近代走向现代的真正大事。

中国文化在现代也做了不少事情。若从文化本体的角度来看，最有意义的是两件事：一是破读了甲骨文，二是推广了白话文。前者是验证中国文化仍有唤醒元典的能力，后者是验证中国文化具备自我更新的可能。

死而复生的中国文化，并没有像欧洲文艺复兴时期那样做出一系列光彩的大事。原因是，破碎的山河一直处于兵荒马乱之中，社会的主题一直围绕着军事和政治，而没有为文化让出更多的地位。文化在夹缝之中勉力做一点儿事，实属难能可贵，我们不应有过多的责备。

无法否认，中国近现代的文化完全无法与古代相比。即便在古代文化明显下行时期的明清两代，也出现过哲学家王阳明和小说家曹雪芹。但在近现代，没有一个哲学家和小说家能够望及他们的项背。

中国现代文学和现代学术，严重缺少杰出创造。后来被传媒界过度渲染的所谓"民国学人"，也是以西方学历为标志。只要稍稍熟悉西方自十九世纪到二十世纪的文化演进，就知道中国作家和中国学人的严重落伍。对于传统国学，在王国维、陈寅恪之后更是日渐寥落。

我这么说，一点儿也不是看低前辈。他们就像我们尊敬的祖父和曾祖父，在烽火连天的艰难岁月咬着牙齿做了一点儿力所能及的事情，筚路蓝缕，让人感动。但是，如果把他们描述得不像他们，或者干脆不是他们，那又怎么面对他们九天之上委屈的眼神？

我之所以在此处要说这一番话，是想呼吁，中国文化要想取得当代的创新态势和世界身份，必须破除虚假的自我安慰，在悠久历史和全球视野中找回真正伟大的时间坐标和空间坐标。是否找回，只看今天和明天的创造。

第二十二节
儒佛道：中国文化的人格选择

从今天开始，我们要攀越一系列思想高峰了。

作为中国传统思想高峰的儒家、佛家、道家，各自又包括很多宗主和流派，我们即使提纲挈领地介绍，也要花费不少时间。希望大家能够静下心来，以庄严的态度进入这些课题。

这是因为，大道之行，是一切文化行为的起点和归结。哲学和宗教，在任何一种大文化里都具有"高山仰止，景行行止"的崇高地位。

我们不再执着于历史过程，而只是疏通一个个跨越时空的精神结构，然后探索历代中国人的心灵皈依。

我们在讲述文化的定义时已经说明，文化千言万语，最后都沉淀为集体人格，也就是设计做什么样的人。世上不同的文化，都包含着不同的人格设计。

在中国文化的三大哲学、宗教思想组合中，儒家设计的集体人格是"君子"，佛家设计的集体人格是"觉者"，道家设计的集体人格是"真人"。

相比之下，儒家所设计的集体人格"君子"在历史上更具有普遍共识，因此"君子之道"也成了中国文化的思想重心。

为了说明"君子之道"，我们可以先推出一个外国人，就是那位十六世纪到中国来的耶稣会传教士利玛窦。他对中国文化进行了数十年精深的研究，很多方面已经一点儿也不差于中国文人。但我们读完长长的《利玛窦中国札记》就会发现，最后还是在人格上差了关键一步。那就是，他暗中固守的，仍然是西方的"圣徒人格"和"绅士人格"。与"圣徒"和"绅士"不同，中国文化的集体人格模式，是"君子"。

中国文化的人格模式还有不少，其中衍生最广、重叠最多、渗透最密的，莫过于"君子"。这也可以说是一个庞大民族在文化整合中的"最大公约数"。

世界上的其他民族，在集体人格上都有自己的文化标识。除了利玛窦的"圣徒人格"和"绅士人格"外，还有"酒神人格"、"日神人格"、"骑士人格"、"朝觐人格"、"灵修人格"、"浪人人格"、"牛仔人格"等等。这些标识性的集体人格，互相之间有着巨大的区别，很难通过学习和模仿全然融合。这是因为，所有的集体人格皆如荣格所说，各有自己的"故乡"。从神话开始，埋藏着一个个遥远而深沉的梦，积淀成了一个个潜意识、无意识的"原型"。

"君子"作为一种集体人格的雏形古已有之，却又经过儒家的选择、阐释、提升，结果就成了一种人格理想。

儒家谦恭地维护了君子的人格原型，又鲜明地输入了自己的人格设计。

这种理想设计一旦产生，中国文化的许许多多亮点就都向那里滑动、集中、灌注、融合。因此，"君子"二字包罗万象，非同小可。儒家学说的最简洁概括，就是"君子之道"。这也就是儒家对后代最重要的遗嘱。

我一直认为，中国文化没有沦丧的最终原因，是君子未死、人格未溃。

中国文化的延续，是君子人格的延续；中国文化的刚健，是君子人格的刚健；中国文化的缺憾，是君子人格的缺憾；中国文化的更新，是君子人格的更新。

我多年来特别想做的一件事，就是为今天的中国人介绍古代君子之道的简单轮廓。

不要看不起简单，请相信，任何祖先的遗嘱都不会艰深复杂。艰深复杂了，一定不是最重要的遗嘱，也不值得继承。我在其他著作中曾系统地讲解过君子之道，今天为青少年读者朋友先介绍入门性的五项，那就是：一、成人之美；二、和而不同；三、坦荡荡；四、彬彬有礼；五、君子知耻。

以孔子为代表的儒学先驱者在论述君子之道的时候，采取了一个很智慧的方法，那就是不急于为"君子"下一个概括性的解释，而是拉出它的对立面来近距离直接比较。这个对立面就是"小人"。小人这个群体，与君子的群体处处不同，因此通过对他们的描述，也就为君子的品格做出了"边缘切割"，或者说完成了"反向定位"。这实在是一举两得的理论举措，在一层层对比中，把对立的两个方面都清晰展示了。历来中国民众不习惯于抽象概念，而容易感受生活中经常遇到的两种不同行为方式的人群，一对比，也就较好地领悟了君子之道。

第二十三节
君子之道一：成人之美

"成人之美"、"与人为善"意思相近，而基础则是"君子怀德"。

如果要把君子的品行简缩成一个字，那个字应该是"德"。因此，"君子怀德"，是君子之道的起点。

德是什么？说来话长，主要是指"利人、利他、利天下"的社会责任感。用通俗的话说，君子首先必须是一个好人。历来说到"君子"二字，人们立即会联想到学问和风度，而孔子却坚持，品德第一。

"利天下"是孟子说的，他在《孟子·尽心上》中以"摩顶放踵利天下"来阐释"兼爱"，意思是只要对天下有利，不惜浑身伤残。当然，这是太高的标准，一般人达不到，因此还是回过头去，听听孔子有关"君子怀德"的普遍性论述。孔子说："君子怀德，小人怀土；君子怀刑，小人怀惠。"（《论语·里仁》）

"怀德"，指心存仁德；"怀土"，指心存占有；"怀刑"，指心存法禁;"怀惠",指心存利惠。按照朱熹的说法,君子、小人的差别,根子上是公、私之间的差别。以公共利益为念,便是君子;以私人利益为念,则是小人。

因为这里所说的小人是指普通百姓,所以"怀土"、"怀惠"也是合理的,算不上恶。但是,即使是普通百姓,如果永远地思念立足的自家乡土而不去守护天良仁德,永远地思念私利恩惠而不去关顾社会法禁,那也就不是君子。

在中国古代经典中,德,是一个宏大的范畴。在它的周边,还有一些邻近概念,譬如仁、义等等。我们可以把它们当作德的"家庭成员",当作"君子怀德"这一基本命题的延伸。它们都用近似的内涵说明了一个公理:良好的品德,是君子之魂,也是天下之盼。

虽然同属于"德",但是"仁"、"义"的色彩不太一样。一般说来,仁是软性之德,义是硬性之德。孔子对"仁"的定义是"仁者爱人"。于是,以后人们说到"仁",总是包含着爱。

至于"义",孔子则斩钉截铁地提出"**君子喻于义,小人喻于利**"(《论语·里仁》)。那么,什么是义?大致是指由德出发的豪侠正道。相比之下,"仁"显温和,"义"显强劲。

孔子（吴为山雕塑作品）

一柔一刚，合成道德，然后合成君子。这也就是说，君子怀德，半是怀柔，半是怀刚，面对着广泛不一的对象。如此广德，便是大德。

大德是一个整体目标，在日常生活中，德的具体表现之一，就是"成人之美"。孔子说：

君子成人之美，不成人之恶。小人反是。(《论语·颜渊》)

"成人之美"，也就是促成别人的好事。这里的"人"，并不仅仅指家人、友人、认识的人，其范围极大，广阔无边。

孟子在《公孙丑》篇中所说的"君子莫大乎与人为善"，以及后来唐代《贞观政要》中所说的"君子扬人之善，小人讦人之恶"等等，都让人联想到孔子"成人之美"的说法。但是细细辨析，这里的"美"和"善"还是有区别的。

例如救穷、赈灾、治病、抢险，只能说是"与人为善"，而不便说是"成人之美"。"成人之美"更多的是指促成良缘、介绍益友、消解误会、帮助合作等等。总之，"成人之美"偏重于锦上添花的正面建设，而且具有一定的形式享受。

　　这里也体现了"君子"与"好人"的微妙差别。"好人"必然会"与人为善"，但"君子"除了"与人为善"之外，还会"成人之美"。在灾难面前，"君子"与"好人"做着同样的事；但在无灾的日子里，"君子"更会寻找正面意义的形式享受。为此，他们比"好人"似乎更高雅一点儿。

　　接下来，还应该辨析一下这个命题的对立面："成人之恶"。"成人之恶"的"成"有三种可能。

　　第一种可能，恶已开始，帮其完成。例如，为殴人者提供木棍，为造谣者圆了谎言。

　　第二种可能，恶未开始，从头酿成。例如，怂恿少年吸毒，挑拨夫妻反目。

　　第三种可能，攻善为恶，伪造而成。这主要是指用谣言、诽谤等手法玷污他人，造成一个传说中的"恶人"。

　　三个"成"，哪一个是"成人之恶"中的"成"？我觉得，都是。与这三个"成"字相对应，那个"人"字也就有了三种含义。如前所述，为"半恶之人"、"被恶之人"、"非恶之人"，结果，都成了"恶人"。因此"成人之恶"是一项"多方位的负面社会工程"。

　　如此仔细地辨析了"成人之恶"，那么，我们也就能进一步对"成人之美"理解得更深入一点儿了。"成人之美"也是一项多方位的社会工程，只不过都是正面的，大体上也分为三种可能：一、使未成之美尽量完成；二、使未起之美开始起步；三、化非美为美，也就是让对方由污淖攀上堤岸。

"成人之美"和"与人为善"，都具有明显的"给予"主动，都体现为一种带有大丈夫气质的积极行为。

一个人，究竟是"成人之美"还是"成人之恶"，这种极端性的是非选择，显现在日常生活中，很可能是非常细微的。例如，这边在中伤一个无辜者，你知道真相而沉默，那就是成人之恶；那边在举行一个婚礼，你素昧平生却投去一个祝贺目光，那就是成人之美……

这么说来，任何人在任何时刻都有选择做君子的机会，那是一种"水滴石穿"的修炼。不必等待，不必积累，君子之道就在一切人的脚下。而且，就在当下。

既然渗透到了日常生活中，那么，如何在细微事件中快速评判善恶是非呢？孔子相信，评判的标尺就藏在我们自己的心底。那就是，自己不想碰到的一切，绝不要强加到别人身上去。这个标尺很简捷，也容易把握，因此，几乎所有

的中国人都知道下面八个字："己所不欲，勿施于人。"（《论语·颜渊》）

这就为"成人之美"、"与人为善"找到了每一个人都可以自行把握的内心依据。

孙中山先生曾说，西方文化习惯于把自己的理念通过很霸道的方式强加在别人头上，而中国文化则认为，天伦大道藏在每个人的心底，只要将心比心就可以了。

第二十四节
君子之道二：和而不同

在《论语·为政》中，孔子说："君子周而不比，小人比而不周。"

朱熹注释道："周，普遍也。比，偏党也。"当代哲学家李泽厚根据朱熹的注解，在《论语今读》中做了这样的翻译："君子普遍厚待人们，而不偏袒阿私；小人偏袒阿私，而不普遍厚待。"

这样的翻译，虽然准确却有点儿累。其实，我倒是倾向于一种更简单、更顺口的翻译："君子团结而不勾结，小人勾结而不团结。"

两个"结"字，很好记，也大致合乎原意。因为征用了现代常用语，听起来还有一点儿幽默。

不管怎么翻译，一看就知道，这是在说君子应该如何处理人际关系的问题了。有很多君子，心地善良，却怎么也不能安顿身边人事。因此，君子之道要对人际关系另做深论。

"周而不比"的"周"，是指周全、平衡、完整；而作为对立面的"比"，是指粘连、勾搭、偏仄。对很多人来说，后者比前者更有吸引力，这是为什么？

这事说来话长。人们进入群体，常常因生疏而产生一种不安全感，自然会着急地物色几个朋友，这很正常。但是，接下来就有鸿沟了。有些人会把这个过程当作过渡，朋友的队伍渐渐扩大，自己的思路也愈加周全，这就在人际关系上成了君子。但也会有不少人把自己的朋友圈当作小小的"权益凝固体"，对圈子之外的多数人产生一系列窥探、算计和防范。显然，这就成了小人行迹。

这么说来，"周而不比"和"比而不周"之间的差别，开始并不是大善大恶的分野。但是，这种差别一旦加固和发展，就会变成两种截然不同的人格系统。

在人际关系中的小人行迹，最明显的表现为争夺和争吵。这应该引起君子们的警惕，因为不少君子由于观点鲜明、刚正不阿，也容易发生争吵。

一吵，弄不好，一下子就滑到小人行迹中去了。那么，为了避免争吵，君子能不能离群索居、隔绝人世？不能，完全离开群体也就无所谓君子了。

孔子只是要求他们，入群而不裂群。因此，他及时地说了这段话：

君子矜而不争，群而不党。（《论语·卫灵公》）

这次李泽厚先生就翻译得很好了："君子严正而不争夺，合群而不偏袒。"

作为老友，如果要我稍稍改动一下文字，我会把"争夺"改成"争执"，把"偏袒"改成"偏执"。两个"执"，有点儿韵味，又比较有趣，而且意思也不错。那就改成了这样一句："君子严正而不争执，合群而不偏执。"

孔子所说的这个"矜"字，原来介乎褒贬之间，翻译较难，用当今的口头语，可解释为"派头"、"腔调"、"范儿"之类，在表情上稍稍有点儿作态。端得出这样表情的，总不会是"和事佬"，免不了要对看不惯的东西说几句重话吧？但孔子说，君子再有派头，也不争执。这句话的另一番意思是，即使与世无争，也要有派头。那就是不能显得窝囊、潦倒，像孔乙己。是君子，一定要有几分"矜"，讲一点儿格调。

"群而不党"，如果用现代的口语，不妨这样说：可以成群结队，不可结党营私。甚至还可以换一种更通俗的说法：

可以热热闹闹，不可打打闹闹。

"党"这个字，在中国古代语文中，是指抱团、分裂、互损，与君子风范相悖。

只要结党营私，小团体里边的关系也会日趋恶劣。表面上都是同门同帮，暗地里却处处不和。这种情况可称为"同而不和"。与之相反，值得信赖的关系，只求心心相和，不求处处相同，可称之为"和而不同"。这两种关系，何属君子，何属小人，十分清楚，因此孔子总结道："*君子和而不同，小人同而不和。*"（《论语·子路》）

这句话也描绘了一个有趣的形象对比：君子，是一个个不同的人；相反，小人，一个个都十分相似。因此，人们在世间，看到种种不同，反而可以安心；看到太多的相同，却应分外小心。

第二十五节

君子之道三：坦荡荡

在人际关系中，小人要比君子劳累得多。小人的劳累至少有以下几个方面。

第一，小人要"结党营私"，必须制造敌人，窥探对手，敏感一切信息，终日战战兢兢。

第二，小人要"成人之恶"，必须寻找恶的潜因、恶的可能。随之，还要寻找善的裂纹、美的瘢痕。

第三，不管是"结党营私"还是"成人之恶"，都必须藏藏掖掖、遮遮掩掩、涂涂抹抹，费尽心机。

第四，即便在自己的小团体内，他们也在彼此暗比、互相提防。比了、防了，又要表现为没比、没防，在嘻哈拥抱中伪装成生死莫逆、肝胆相照，这该多劳累啊！

这么多劳累加在一起，真会使任何一个人的快乐被扫荡、轻松被剥夺、人格被扭曲。人们历来只恨小人天天志得意满，却不知他们夜夜心慌意乱。

君子当然也劳累，但性质完全不同。君子要怀德、行仁、践义、利天下，即便缩小范围，也要关顾到周围所有的人，成人之美、与人为善，达到"周"的标准，能不劳累吗？只不过，这种劳累，敞亮通达，无须逃避质疑的目光，无须填堵已露的破绽，无须防范种下的祸殃。这一来，劳累也就减去了一大半。剩下的，全是蓝天白云下的坦然、畅然。

正是面对这种区别，孔子说话了："*君子坦荡荡，小人长戚戚。*"（《论语·述而》）

这句话，在中国非常普及。它纠正了民间所谓"做好事受罪，做坏事痛快"的习惯性误解，说明一个人究竟是"受罪"还是"痛快"，需要从心境上去寻找答案。"戚戚"，就是一种忧惧的心境。

小人很想掩盖"戚戚"，因此总是夸张地表演出骄傲、骄横、骄慢、骄躁。什么都能表演，唯独不能呈现坦然、泰然。这正如，变质的食品可以用各种强烈的调料来包裹，唯独不能坦白地展示真材实味。

这个意思，孔子用另一句话来表明："*君子泰而不骄，小人骄而不泰。*"（《论语·子路》）

在这里，"泰"，就是"坦荡荡"；而"骄"，就是为了掩盖"戚戚"而做出的夸张表演。

　　"泰"、"坦荡荡",都是因为自己心底干净、无愧无疚,没有什么好担忧的,更没有什么好害怕的。这样的君子,无论进入什么情形都安然自得,即《礼记·中庸》所说的"**君子无入而不自得焉**","**上不怨天,下不尤人**",真是一种自由境界。

　　由此孔子得出了又一个重要结论:"**君子不忧不惧**"。为什么能够不忧不惧?理由是:"**内省不疚,夫何忧何惧?**"这个重要结论,出现在《论语·颜渊》。

　　君子在面对更高的精神目标的时候也会产生另一种忧虑,例如孔子所说的"**君子忧道不忧贫**"(《论语·卫灵公》);孟子所说的"**君子有终身之忧,无一朝之患**"(《孟子·离娄下》)。也就是说,君子对每天的得失,可以全然不忧不惧,但对大道的沉浮,却抱有一辈子的担忧。

　　孔子、孟子所描述的这种君子形象,似乎只是一种很难实现的人格理想。但是,我们只要闭目一想,中国历史上确实出现过大批德行高尚又无所畏惧的君子,世代传诵,成为中华民族的精神支撑。由此可见,这样的君子不仅可敬可仰,而且可触可摸。孔孟教言,并非虚设。

第二十六节
君子之道四：彬彬有礼

君子的种种思想品德，需要形之于约定俗成的行为方式，这便是礼。

精神需要赋形，人格需要可感，君子需要姿态。这不仅仅是一个"从里到外"的过程，也能产生"从外到里"的反馈。那就是说，当外形一旦建立，长期身体力行，又可以反过来加固精神、提升人格。

君子的品德需要传播，但在古代，传播渠道稀少，文本教育缺乏，最有效的传播途径，就是君子本身的行为动作。那些让人一看就懂并产生彼此尊重的行为方式，就是礼仪。礼仪是君子们身体力行传播品德的主要渠道。

普普通通的人，有礼上身，就显出高贵。这种高贵，既尊敬人，又传染人。正如《左传》所说："**君子贵其身，而后能及人，是以有礼。**"（《左传·昭公二十五年》）

也有说得更强烈的。在某些哲人看来，有没有礼，不仅是君子和小人的区别，而且是人和禽兽的区别。例如："凡

人之所以贵于禽兽者，以有礼也。"(《晏子春秋·内篇·谏上二》)

说得有点儿过分，但我明白其中意气。看了生活中太多无礼的恶相，不得不气愤地骂一句：一个人如果无礼，简直就是禽兽。如果换一种语气说，也就更容易让人接受。还是《左传》里的话，虽也斩钉截铁，倒是听得入耳："礼，人之干也，无礼无以立。"(《左传·昭公七年》)

把礼比喻成一个人站立起来的躯干，这种说法很有文学性，我喜欢。扩而大之，《左传》还进一步认为，当礼变成一种集体仪式，也有可能成为一个邦国的躯干："礼，国之干也。"(《左传·僖公十一年》)

当然，这是讲大事。君子之道中的礼，大多是指个人在日常生活中的行为规范。

这种行为规范，主要出自两种态度：一是"敬"，二是"让"。

孟子说"有礼者敬人"(《孟子·离娄下》)；墨子说"礼，敬也"(《墨子·经上》)。这就表明，一个有礼的君子，需要表达对他人的尊敬。敬，是高看他人一眼，而不是西方式的平视。

孟子（吴为山雕塑作品）

中国几千年都受控于家族伦理和官场伦理，到今天仍然如此，所以习惯于把恭敬的态度交付给长辈、亲友、上级、官员。但是，这里所说的君子之敬，并不是家族伦理和官场伦理的附属品。一个君子，如果对偶然相遇的陌生人也表示出尊敬，那么这种尊敬也就独具价值。因此，我常常在彼此陌生的公共空间发现真君子。一旦发现，就会驻足良久，凝神注视，心想：正是他们对陌生人的尊敬，换来了我对他们的尊敬。在这里，互敬成为一种互馈关系，双向流动。公共空间的无限魅力，也由此而生。这种互馈关系，孟子说得最明白："敬人者，人恒敬之。"（《孟子·离娄下》）

"让"，简单说来，那就是后退一步，让人先走；那就是让出佳位，留给旁人；那就是一旦互堵，立即退让；那就是分利不匀，率先放弃……

这一切，都不是故意表演，做给人看，而是在内心就想处处谦让，由心赋形。还是孟子说的：

辞让之心，礼之端也。（《孟子·公孙丑上》）

所谓"礼之端"，就是礼的起点。为什么辞让能成为起点？因为世界太拥挤，欲望太密集，纷争太容易。唯有后退一步，才能给他人留出空间。敬，也从后退一步开始。

辞让，既是起点，也是终点。人们随口都能说出的君子风度"温良恭俭让"，辞让就成了归结。可见，一个"让"字，足以提挈两端。

辞让，是对自己的节制。一人的节制也能做出榜样，防止他人的种种不节制。这是《礼记》说过的意思："*礼者，因人之情而为之节文，以为民坊者也。*"（《礼记·坊记》）

这个"坊"字，古时候与"防"相通。这个句子用白话来说是这样的："什么是礼？对人的性情加以节制，从而对民间做出防范性的示范。"

也就是说，节制性情，防止失态，做出样子，彼此相和。

在孔子看来，为什么要礼？为什么要敬？为什么要让？都是为了一个目的：和。君子之责，无非是求人和、世和、心和。他用简洁的六个字来概括："*礼之用，和为贵。*"（《论语·学而》）

那也就形成了一个逻辑程序：行为上的"敬"、"让"，构成人际之"礼"，然后达成世间之"和"。

对于礼，我还要做一个重要补充：君子有了礼，才会有风度，才会有魅力，才会美。正是"温良恭俭让"的风范，使君子风度翩翩。这是中华民族理想人格的最佳标识，也是东方人文美学的最佳归结。

现代很多年轻人在这一点上误会了，以为人格魅力在于锐目紧逼，在于虎踞鲸吞，在于气势凌人。其实，正好相反。为此，我很赞赏荀子把"礼"和"美"连在一起的做法。他在《荀子·礼论》里为"礼"下了一个定义，说是"*达爱敬之文，而滋成行义之美者也*"。这个定义告诉我们，在设计礼的时候，不管是个人之礼还是集体礼仪，都必须文、必须美。

这个提醒非常重要。后来在君主专权的体制中，把尊敬和辞让的礼仪推向了极度自贬、自辱的地步，例如动不动就自称"奴才"、"贱妾"，而动作又更加过分，这就非常不美了。直到今天，我们也经常可以看到大量"不美的礼仪"。诸如在上司前过度畏葸，在同事前过度奉迎，争着付款时形同打架，等等。

应该明白，丑陋本身就是"非礼"。不管是真是假，如果礼仪要以拉拉扯扯、推推搡搡、大呼小叫、卑躬屈膝、装腔作势的方式表现出来，那就完全走到了反面。

君子之礼，与美同在。

第二十七节
君子之道五：君子知耻

有人说，君子之道也是"知耻之道"。因为，君子是最有耻感的人，而小人则没有耻感。

为此，也有人把中国的"耻感文化"与西方的"罪感文化"做对比，觉得"耻感文化"更倚重于个人的内心自觉，更有人格意义。

不错，孔子在《论语·子路》里说过，君子必须"行己有耻"。也就是时时要以羞耻感对自己进行"道义底线"上的反省和警惕。当然，孔子在这里所说的"耻"，与我们现在所说的"可耻"、"无耻"相比，程度要轻得多，范围要宽得多。

耻的问题，孟子讲得最深入。首先要介绍一句他的近似于"绕口令"的话："人不可以无耻，无耻之耻，无耻矣。"（《孟子·尽心上》）

前半句很明确，也容易记，但后半句在讲什么？我想用现代口语做一个游戏性的解释，大意是：为无耻而感到羞耻，那就不再耻了。

我的这种阐释与许多"古注"不一样,这不要紧,我只在乎文字直觉。孟子的言语常有一种故意的"拗劲",力之所至,打到了我。

接着我们来读读孟子的另一番"耻论":"耻之于人大矣,为机变之巧者,无所用耻焉。不耻不若人,何若人有?"(《孟子·尽心上》)

我的意译是:羞耻,对人来说是大事。玩弄机谋的人不会羞耻,因为用不上。他们比不上别人,却不羞耻,那又怎么会赶上别人?

这就在羞耻的问题上引出了小人,而且说到了小人没有羞耻感的原因。孟子的论述,从最终底线上对君子之道进行了"反向包抄"。立足人性敏感处,由负而正,守护住了儒家道义的心理边界。

你看,他又说了:"羞恶之心,义之端也。"(《孟子·公孙丑上》)这就把羞耻当作了道义的起点。

如此说来,耻,成了一个镜面。由于它的往返观照,君子之道就会更自知、更自守。敢于接受这个镜面,是一种勇敢。

知耻,是放弃掩盖,放弃麻木,虽还未改,已靠近勇敢。

如果由此再进一步，那就是勇敢的完成状态。"*知耻近乎勇*"（《礼记·中庸》）这个说法在中国流传了千年，人们每次读到都会怦然心动，由此证明"知耻"这个最低要求很不容易做到。

不少人宁肯"认败"，也不愿"知耻"。原来以为他们心底已经知耻，只是在面子上不愿承认。后来发现，即使在心底知耻，也非常艰难，因为这会摇撼自身的荣辱系统。

以上所说的羞耻感，都涉及道义大事，符合"耻之于人大矣"的原则。但是，在实际生活中，人们常常把这个问题倒逆过来，在不该羞耻的地方感到羞耻，在应该羞耻的地方却漠然无羞。

因此，并不是一切羞耻感都属于君子。君子恰恰应该帮人们分清，什么该羞耻、什么不该羞耻。

既然小人没有羞耻感，那么多数放错羞耻感的人，便是介乎君子、小人之间的可塑人群。他们经常为贫困而羞耻，为陋室而羞耻，为低位而羞耻，为缺少某种知识而羞耻，为不得不请教他人而羞耻，为遭受诽谤而羞耻，为别人强加的污名而羞耻……太多太多的羞耻，使世间多少人以手遮掩、以泪洗面，不知所措。其实，这一切都不值得羞耻。

在这方面，孔子循循善诱，发布了很多温暖的教言。即便在最具体的知识问题上，他也说了人人都知道的四个字："不耻下问。"（《论语·公冶长》）

意思很明白：即使向地位比自己低的人请教，也不以为耻。

这么一来，在耻感的课题上，"不耻"，也成了君子的一个行为原则。因此，真正的君子极为谨慎，又极为自由。谨慎在"有耻"上，自由在"不耻"上。

"耻"和"不耻"这两个相反的概念，组成了儒家的"耻学"。对此，具有总结性意义的，是荀子。我想比较完整地引用他的一段话，作为这个问题的归结。他说："君子耻不修，不耻见污；耻不信，不耻不见信；耻不能，不耻不见用。是以不诱于誉，不恐于诽，率道而行，端然正己，不为物倾侧：夫是之谓诚君子。"（《荀子·非十二子》）

这段以"耻"和"不耻"为起点的论述，历久弥新。我自己在人生历程中也深有所感，经常默诵于心。因此，我要用今天的语言译释一遍："君子之耻，耻在自己不修，不耻别人诬陷；耻在自己失信，不耻别人不信；耻在自己无能，不耻别人不用。因此，不为荣誉所诱，不为诽谤所吓，遵循大

荀子（吴为山雕塑作品）

道而行，庄严端正自己，不因外物倾侧，这才称得上真正的
君子。"

"耻"和"不耻"，是君子人格的封底阀门。如果这个阀
门开漏，君子人格将荡然无存；如果这个阀门依然存在，哪
怕锈迹斑斑，君子人格仍会生生不息。

君子之道的内容很丰富，以上所举入门性的五项，可让
年轻的读者朋友们略知大概。其实还有一项"中庸"也很重
要，我会在本书第三十四节论述中国文化长寿原因时专门讲
述。对于君子之道如果想知道更多，可读我的专著《君子之
道》，以及《中国文化课》第五单元第十七部分的"君子之道
六十名言"。

儒家文化是一个庞大的思想架构，其中包括"修身、齐
家、治国、平天下"的大量论述。但是，其中"齐家、治国、
平天下"的很多道理随着时间的流逝、社会的变迁已经不切
实用，即便是距离很近的秦汉王朝统治者也已经很少采信，
只有"修身"这一项弥古长存。因此，以做什么样的人为题
目的君子之道，成了儒学的起点和终点。

记得我二〇〇五年四月十五日在美国哈佛大学演讲时以

"君子之道"概括儒学，进而概括中国文化，受到该校几十位退休华裔教授的一致赞许，被认为是"找到了一把最好的钥匙"。这样，我也就放心了。

第二十八节
佛教传入中国

　　以"君子之道"概括儒家之后，接下来要讲佛家了。我会以"空"和"度"这两个命题来概括佛家，但在讲述之前，必须先说一个重大题目，那就是，中国文化为什么会接受佛教？

　　佛教是一种纯粹的外来文化，与中国本土隔着"世界屋脊"喜马拉雅山脉。在古代，本来它是无法穿越的，但它却穿越了。

　　这还不算奇迹。真正的奇迹是，它进入的土地，早就有了极其丰厚的文化。从尧舜到秦汉，从《周易》到诸子百家，几乎把任何一角想得到的精神空间都严严实实地填满了。面对这样超浓度的文化大国，一种纯然陌生的异国文化居然浩荡进入，并且有效普及，这实在不可思议。

　　不可思议，却成了事实，这里有极其深刻的文化原因。

　　最初，东汉和魏晋南北朝的多数统治者是欢迎佛教的，他们一旦掌权就会觉得如果让佛教感化百姓静修向善，就可以天下太平。其中，六世纪前期的南朝梁武帝萧衍态度最为彻底，不仅大量修建佛寺、佛像，而且四度脱下皇帝装，穿起僧侣衣，"舍身为奴"，在寺庙里服役，每次都要由大臣们出钱从寺庙里把他"赎回"。而且正是他，规定了汉地佛教的素食传统。

与南朝相对峙的北朝，佛教场面做得更大。据《洛阳伽蓝记》等资料记载，到北魏末年的五三四年，境内佛寺多达三万座，僧尼达二百万人。光洛阳一地，寺庙就有一千三百多座。唐代杜牧写诗怀古时曾提到"南朝四百八十寺，多少楼台烟雨中"，人们读了已觉得感慨万千，而北朝的寺院又比南朝多了几倍。

但是，正是这个数量，引起另外一些统治者的抗拒。他们手上的至高权力又使这种抗拒成为一种"灭佛"的举动。

几度"灭佛"灾难，各持理由，概括起来大概有以下几个方面：

一、全国出现了那么多自立信仰的佛教团体，朝廷的话还有谁听；

二、耗巨资建造那么多金碧辉煌的寺院，养那么多不事生产、不缴赋税的僧侣，社会的经济压力太大了；

三、更严重的是，佛教漠视中国传统的家族宗亲关系，无视婚嫁传代，动摇了中国文化之本。

第一个灭佛的，是北魏的太武帝。他在信奉道教后对佛教处处抵触，后来又怀疑长安的大量寺院处于朝廷控制范围之外，可能与当时的盖吴起义有联系，便下令诛杀僧众，焚毁佛经、佛像，在全国禁佛。幸好，他一死，新皇帝立即解除了他的禁佛令。

一百三十多年后，信奉儒学的周武帝以耗费民众财力为由，下令同时禁绝佛、道两教。其中又以佛教为最，说它是"夷狄之法"，容易使"政教不行、礼义大坏"。

又过了近二百七十年，在唐代的会昌年间，唐武宗又一次声称佛教违反了中国传统的伦理道德，大规模灭佛，后果非常严重，在佛教史上被称为"会昌法难"。

三次灭佛，前后历时四百多年，三个庙号都带有一个"武"字的皇帝，把中国传统的政治文化对于佛教的警惕发泄得淋漓尽致。

由于警惕的根基在文化，有些文化人也介入了。例如唐代大文人韩愈在"会昌法难"前二十八年就以一篇《谏迎佛骨表》明确表示了反佛的立场。他认为佛教、道教都有损于儒家"道统"，有害于国计民生。他说，佛教传入之前的中国社会，比佛教传入之后更平安，君王也更长寿。他最后还激动地表示：如果佛教灵验，我在这里反佛，一定会受到惩罚，那就让一切灾祸降到我头上吧！

韩愈因此被皇帝贬谪，在半道上写下了"云横秦岭家何在？雪拥蓝关马不前"这样杰出的诗句，这是大家都知道的了。

但是，事实证明，佛教不仅没有被灭，反而生生不息。刚刚灭过，新的继任者又提倡了，势头更猛。至于文化人，在"安史之乱"之后为了摆脱生活痛苦，追求精神上的禅定，更是迷醉佛教，兴起了一股"禅悦"之风。渐渐地，佛教文化与中国文化融成一体，它本身也越来越走向中国化。

佛教能够深入中国大地，说到底，是因为它以一系列特殊的魅力弥补了原有中国文化的不足。

佛教的第一特殊魅力，在于对世间人生的集中关注、深入剖析。

其他学说也会关注到人生，但往往不集中、不深入，没说几句就"滑牙"了，认为人生问题只有支撑着别的问题才有价值，没有单独研究的意义。例如，儒学就有可能转移到如何治国平天下的问题上去，法家就有可能转移到如何摆弄权谋游戏的问题上去，诗人文士有可能转移到如何做到"语不惊人死不休"的问题上去。唯有佛教，绝不转移，永远聚焦于人间的生、老、病、死，探究着摆脱人生苦难的道路。

乍一看，那些转移过去的问题辽阔而宏大，关及王道社稷、铁血征战、名节气韵，但细细想去，那只是历史的片面、时空的浮面，而且升沉无常，转瞬即逝。佛教看破这一切，因此把这些问题轻轻搁置，让它们慢慢冷却，把人们的注意力引导到与每一个人始终相关的人生和生命的课题上来。

正因为如此，即便是一代鸿儒，听到经诵梵呗也会陷入沉思；即便是兵卒纤夫，听到晨钟暮鼓也会怦然心动；即便是皇族贵胄，遇到古寺名刹也会焚香敬礼。佛教触及了他们的共同难题，而且是他们谁也没有真正解决的共同难题。

佛教的第二特殊魅力，在于立论的痛快和透彻。

人生和生命课题如此之大，如果泛泛谈去不知要缠绕多少思辨弯路、陷入多少话语泥淖。而佛教则干净利落，爽然决然。一上来便断言，人生就是苦。产生苦的原因，就是贪欲。产生贪欲的原因，就是无明无知。要灭除苦，就应该觉悟：万物并无实体，因缘聚散而已，一切都在变化，不可虚妄执着。

我想，就从这么几句随口说出的简略介绍中，人们已经可以领略到一种鞭辟入里的清爽。

佛教的第三特殊魅力，在于切实的参与规则。

佛教戒律不少，有的还很严格，照理会阻吓人们参与，但事实恰恰相反，戒律增加了佛教的吸引力。理由之一，戒律让人觉得佛教可信。这就像我们要去看一座庭院，光听描述总是无法确信，直到真的看到一层层围墙、一道道篱笆、一重重栏杆。围墙、篱笆、栏杆就是戒律，看似障碍却是庭院存在的可靠证明。理由之二，戒律让人觉得佛教可行。这就像我们要去爬山，处处是路又处处无路，忽然见到一道石径，阶多势陡，极难攀登，却以一级一级的具体程序告示着通向山顶的切实可能。

佛教的戒律步步艰难却步步明确，只要行动起来，也就可以让修习者慢慢收拾心情，由受戒而学习入定，再由入定而一空心头污浊，逐渐萌发智慧。到这时，最高境界的纯净彼岸就有可能在跟前隐约可见了。佛教所说的"戒、定、慧"，就表述了这个程序。

北齐佛像

佛教的第四特殊魅力，在于强大的弘法团队。

中国的诸子百家，本来大多也是有门徒的。但是，如果从组织的有序性、参与的严整性、活动的集中性、内外的可辨识性、不同时空的统一性这五个方面而论，没有一家比得上佛教的僧侣团队。

自从佛教传入中国，广大民众对于佛教的认识，往往是通过一批批和尚、法师、喇嘛、活佛的举止言行、服饰礼仪获得的。一代代下来，僧侣们的袈裟、佛号成了人们感知佛教的主要信号，他们的德行善举也成了人们读解信仰的直接范本。从释迦牟尼开始，佛教就表现出人格化的明显特征。

佛教僧侣是出家修行者，以高尚的品德和洁净的生活向广大佛教信徒做出表率。他们必须严格遵守不杀、不盗、不淫、不妄语、不恶口、不蓄私财、不做买卖、不算命看相、不诈显神奇、不掠夺和威胁他人等戒律，而且坚持节俭、勤劳的集体生活，集中精力修行。这样的僧伽团队，由于日常行为是劝善救难，又不强加于人，因此常常给人一种很正面的形象。

佛教的以上四大特殊魅力，针对着中国传统文化的种种乏力，成为它终于融入中国文化的理由。

第二十九节
佛家的"空"与"度"

在佛教宏大的精神构建中，典籍浩如烟海，越是进入越是艰深。我在这里做一个试验，能否用最简短浅显的语言，对今天的青少年读者讲明白佛教文化的要旨。那就让我们一起努力吧。

我在上一节已经提到，佛教发现人生的本性是"苦"。为了躲避苦，人们不得不竞争、奋斗、挣扎、梦想、恐惧，结果总是苦上加苦。所有的苦，追根溯源，都来自种种欲望和追求。那就必须进一步追问了：欲望和追求究竟是什么东西？它们值得大家为之而苦不堪言吗？

在这个思维关口上，不同等级的智者会做出三种完全不同的回答。低层智者会教导人们如何以机谋来击败别人，中层智者会教导人们如何以勤奋来实现追求，高层智者则会教导人们如何来提升追求的等级。

佛教的创立者释迦牟尼既高出于低层、中层，也高出于高层。他对"追求"本身产生怀疑，然后告诉众人，可能一切都搞错了。大家认为最值得盼望和追慕的东西，看似真实，却并非真实。因此，他进而从万事万物的本性上做出了彻底判断。

他用一个字建立了支点：空。

释迦牟尼认为，世间的一切物态现象和身心现象，都空而不实，似有实无。《心经》用一个"色"字来代表物态现象，又用一个"蕴"字来代表身心现象的汇集。"色"有多种，"蕴"也有多种，但都是空。《心经》最著名的回转句式："色不异空，空不异色；色即是空，空即是色。"来回强调，让人不能不记住，一切物态现象与空无异。《心经》紧接着又说"受想行识，亦复如是"，那就是把感受、想象、行为、见识也都包括在里边了，也就是包抄了一切身心现象。

为什么人们看重的一切都是空？佛教认为，万事万物都是远远近近各种关系的偶然组合。佛教把关系说成是"缘"，把组合说成是"起"，于是有了"缘起"的说法。

由于种种事物都是这么来的，而不存在各自独立的原生实体，因此不可能具有真实而稳定的自我本性。所有的本性，都只能指向空。把这两层意思加在一起，就构成了四个重要

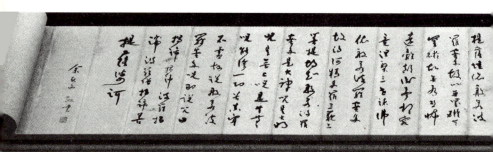

　　的字：缘起性空。在汉传佛典中，这四个字具有透视世界的基础地位。

　　我想借用一个自然界的例子，来加以说明。

　　例如，我们到一个山谷，看脚边有一脉水，那么请问：它是怎么产生的，又从何而来？它的"缘起"，就有无数偶然的关系。来源，是一条条山溪，越过了一重重山坡；但山溪里的水又是怎么生成的？那就会追及一阵阵雨、一朵朵云。那么，云从何而来？又如何变成了雨？而这山坡又是怎么产生的？……

　　随之而来，更深刻的问题是：这水会一直保持自己的本性吗？它会被树木吸收，也会因天气蒸发，那它还算是水

镌刻于宝华山的《心经》(余秋雨书)

吗？吸收它的树木，可能枯朽成泥，也可能被砍伐成器。器迟早会坏，变成柴火，一烧而气化。那么，以前每一个阶段的"性"，又在哪里？那些"性"，其实全是空的。

这个过程，大致能说明"缘起性空"的部分意涵。

"空"的哲学，在实际生活中具有广泛的启发性。

我曾对学生讲过自己在童年时感受到的一个场景。春花烂漫季节，我们傍晚放学，全都到美丽的田野奔逐嬉戏，翻滚笑闹。但有一个同学跟不上我们了，因为他采摘了好几枝野花，握在手上，很难再活跃了。那几枝野花渐渐在他手上蔫巴，他只能再去采摘，而空手的我们，却拥有田野里的全部花朵，还拥有无拘束的脚步和笑声。

由此可知，"拥有"、"占有"就是负担，只有"空"，才能带来海阔天空的自由。在中国古典艺术中，"空境"，是最高境界。

以此类推，一切地位、名声、财富也是同样。佛教并不是提醒一个富豪"财产不永"，而是告诉他，此时此刻他似乎"拥有"之时，也只是"假有"。同样，对于一个高官，也要提醒他在退休和被罢免之前，他对职位的"拥有"也不是"真有"。

佛教总是要人们"看破"、"看穿"，其实就是"看空"。在"空"的世界，有和无的界限、增和减的界限、生和死的界限，都被穿越，因界限而产生的重重感觉障碍和心理障碍，都要被否定，由此引起的争斗和忧虑也都会全然消除。获得这种觉悟的人，才能摆脱无尽苦海，进入无羁、无绊、无绳、无索的自有境界，那就是经由"涅槃"而抵达的彼岸。

正因为"空"对佛教如此重要，所以佛门也就常常被称为"空门"。一个人是否觉悟，就看是否"悟空"。

"空"之外，佛教中的另一个基本概念是"度"。度，就是引导自己与他人脱离苦海到彼岸去。

　　佛教在阐明"空"的学说时，着力排除种种界定，拆卸道道门槛。很快就碰到了最重要的一个界定，那就是"他我"之间的界定；遇到了最后一道门槛，那就是"人己"之间的门槛。

　　在一般人的思维中，"我"是一切的出发点。我的存在、我的权利、我的成败、我的性格……这便是欲望的渊薮、冲突的本体、烦恼的根源。佛教以很大的力度，对"我"提出了质疑，质疑"我"这个概念本身的存在基点。质疑的结果，是主张放弃对"我"的执着，也就是破除"我执"。佛教里经常说的一个概念是"无常"。其实在"无常"后面还隐藏着一个最根本的"无"，那就是"无我"。

　　既然是"无我"，那么，要实现"我"一个人的超脱、悟空，也是不可能的。诚如谚语所说，一滴清水无救于一缸污水，而一滴污水却能把一缸清水毁坏。一个修行者即便把自己修炼成了一滴最纯净的清水，而周边却是滔滔污水，那么，这滴清水怎么存在？同样，如果大家都成了纯净的清水，却还有一滴仍然污浊，那么，大家的纯净还能保持吗？因此，佛教必然指向整体关怀、普世行善、无界救助。要解脱，也要大家一起解脱。

　　度人到彼岸的修行者称为"菩萨"，他们的"大誓愿"就是"度一切众生"。在中国民间，菩萨常常被看作偶像。其实，他们只是修行者，因觉悟而大慈大悲、救苦救难、护佑众生、反对伤害。菩萨把佛教本义和民间企盼融成一体，组成了"无缘大慈，同体大悲"的高尚信仰。

　　"无缘大慈，同体大悲"，这八个字很好，意思是，号召一切不认识、不相关的人，都应该视若一体，感同身受，互相救助，共抵彼岸。彼岸，就是没有世俗障碍的净土。

第三十节
道家的"大宇宙"与"小宇宙"

儒家和佛家都已经讲过，接着当然是要让道家出场了。

本来在诸子百家中，老子、庄子就称为道家，但我们现在这么叫，是把后来东汉时期产生的道教也包括在里边了，可称为广义的道家。

那么，我们的讲述要分成两段，先讲老子、庄子的道家，再讲在道教中体现的道家文化。

老子是一个神秘的思想家，他的依稀形象，我们将会在本书第二册《记住这些名字》中略作描述。在这里，我们要稍稍了解他的思想。老子就像古代极少数伟大的哲人，摆脱对社会现象的具体分析，抬起头来，寻找天地的母亲、万物的起始、宇宙的本原。他找到了，那就是"道"。

以前也有人用过"道"这个字，但都无涉宇宙本原。老子一用，世间有关天地宇宙的神话传说、巫觋咒祈、甲骨占卜，都被提升到一个前所未有的高度。原来天地宇宙有一个统一的主体，看不见、听不到、摸不着，却又无处不在、无可逃遁。道，一种至高思维出现了，华夏民族也由此走向精神成熟。

在老子的哲学中，道的核心是一个"无"字，这与我们前面讲到的佛教的"空"，有点儿近似，又有不小区别。老子认为，天下万有，都生于"无"。一个器皿无物才能装物，一所房子无占才能安家，一条道路无阻才能畅行，一副心胸无塞才能广阔。无，因无边无涯而其大无比。老子说，他的"道"就是"大"，因而称为"大道"。所谓"大道为公"，也由此而来。

由"无"，直接引出了政治学上的"无为而治"。老子认为，一切治理，都不要有太多的手脚。民众的自然生息，由天地安排，比什么都好。老子说："我无为，而民自化。"

对一般人而言，老子也劝大家，不要想法太多，期盼太多，作为太多，纷争太多。很多看起来不错的东西，很可能增加了混乱。

在老子看来，以"无"为核心的宇宙，是一个平衡体，不存在单方面的纯粹。世上的一切，相反才能相成。"大成若缺"、"大直若屈"、"大巧若拙"、"大辩若讷"，因此"曲则全，枉则直"，"少则得，多则惑"……结论是谁也不要去争大、争多、争巧、争直，"夫唯不争，故天下莫能与之争"。

　　初一看，这里似乎包含着制胜谋略，但老子是反对谋略的，他的道，直通人间至善。因此有了这段名言："上善若水。水善利万物而不争，处众人之所恶，故几于道。"这就是说，像水一样，滋润万物而不与万物相争，甘愿流向人们所厌弃的低处。这就很接近道了。原来，大道通向"上善"，也就是大善。

　　庄子继承老子的思想，认为世界的本原是"道"。但是庄子所说的"道"，却又比老子主动，是指一种"自本自根"、"生天生地"的力量，也就是一种终极性的创造力。"道"不是物，却创造了一切。

　　那么，这种终极性的创造力应该到哪里寻找？庄子说："天地与我并生，而万物与我为一。"（《齐物论》）原来，道就在我们自己身上。

　　庄子认为，站在"道"的立场，而不是"物"的立场，世间万物说不上有什么根本区别。草茎之细与屋柱之粗没有什么区别，秋毫之末和泰山之体没有什么区别，夭折者和高寿者的生命没有什么区别。

庄子还以一个寓言来表达自己的困惑：自己做梦变成了一只蝴蝶，但也有可能是蝴蝶做梦变成了自己。那么，自己究竟是"梦了蝴蝶"，还是"蝴蝶之梦"？

庄子觉得，这一串串古怪的问题，不必追问下去了，因为问题无限，而生命有限，永远也弄不明白。既然找不到明确答案，他采取共存并行的方法，连一切是是非非也都要协调中和，构成一种自然均衡的状态，即"天钧"。

庄子在谈到人生状态时提出了一个目标，那就是"逍遥游"，是指"逍遥于天地之间而心意自得"。庄子认为，真正的"逍遥游"，属于一种既不依靠什么，也不期待什么的"真人"。这种"真人"不逆、不雄、不谋、不惧、不伤、不梦、不忧、不嗜、不悦、不恶、不欣、不拒、不损、不助，一切都合乎天然之道，处于"无己"的状态。"逍遥游"的理念，后来也成了中国艺术的最高追求，成了中国美学的至高坐标。

好，现在可以来说说道教所体现的道家文化了。

道教把老子推举为自己的"教主"，这件事听起来总有一点儿戏谑的口气。但是，在我看来，初创的道教在老子的学说中找到了一个足以信托的思想资源。道教郑重地从老子那里接过了"道"的核心观念，以及"自然"、"无为"、"虚无"、"归一"等基本命题，建立了庞大的道教理论。

有趣的是，道教并没有把庄子奉为"副教主"，但从他那里汲取的思想，并不比从老子那里汲取的少。尤其是庄子认为得道可以创造奇迹的说法，几乎成了道教得道成仙的思想依据。

庄子在《大宗师》里所说的那种"登高不栗，入水不濡，入火不热"的"真人"形象，还有《逍遥游》里描述过的姑射山神人，"肌肤若冰雪，绰约若处子；不食五谷，吸风饮露；乘云气，御飞龙，而游乎四海之外"，都成了道教"成仙"的范本。

本来，无论是"得道成仙"的说法，还是"养生成仙"的主张，都会让后人产生"迷信"的疑惑。但是，道教把老子和庄子请出了场，情况改变了，人们不得不以严肃的文化态度高看几眼。这不仅是因为他们出名，还是因为他们在学理上的高度。

道教把老子、庄子作为自己的教理背景，其实还有更宏大、更原始的精神资源，那就是来自古代昆仑神话和蓬莱神话的神仙信仰，以及与此相关的巫觋方仙之术。

这种信仰，渐渐集中为对"气"的关注，认为生命、灵魂都本于气，就连天体也因气而有了生命。一个人，如果"精气日新"、"邪气尽去"，就能成为真人，也就是神仙。因此，神仙是可以修炼出来的。

东汉时，张道陵（34—156）及后裔在鹤鸣山创立"五斗米道"，并宣布遵奉《道德经》，使道教初步定型。《太平经》表述道教的基本思维是：天地人三合一为太平，精气神三合一为神仙。

葛洪（约281—341），则是第一个总结教义体系，包括神仙方术的划时代人物。

南北朝时，"天师道"获得发展。北魏的道士寇谦之和南朝的道士陆修静一北一南整理了严密的斋戒仪范。陆修静的再传弟子陶弘景（456—536）更在朝野产生重大影响。

唐宋时，南北天师道与上清、灵宝、净明等各派合流为正一派，注重符箓，一度成为道教主流，连皇室也虔诚地举行符箓斋醮。

金大定七年（1167），王重阳在山东创立全真教，逐步取得更高地位。不管是正一派还是全真派，都主张"重生贵生，成仙得道"，而全真派的主张则更为明确，那就是：以"澄心定意、抱元守一、存神固气"为"真功"，以"济贫拔苦、先人后己、与物无私"为"真行"。这两"真"俱全，即谓"全真"。代表者，就是丘处机。

道教在漫长的发展过程中，被中国社会广泛接受。直到今天，在很多民间习俗、传统节日中，仍然能够看到它的大量踪影。而实际上，它的精神规模还要大得多，甚至在不少领域，奇妙地接通了现代思维和未来思维。

人们对日月星辰、山岳河海进行祭祀和崇拜，并非出于知识的浅陋，而是出于对自身渺小的自觉。这种自觉，恰恰来自宏大的情怀。古人的宏大情怀，在于承认天地宇宙对人类的神奇控制力和对应力，同时又承认人类对这种控制力和对应力的不可知悉、难于判断，因此只能祈求和祭祀。他们把鬼神、巫觋、方士当作自己与大地宇宙之间的沟通者、传达者、谈判者，就像我们现在为了与外星人沟通而发出的卫星和电波。

当代科学家霍金，一边努力探察太空，一边又说人类尽量不要去骚扰外星人。这种若即若离的心理，道教也有。道教求神拜仙、问天问地，并不希望骚扰神仙和天地，而只是企盼在他们的佑护下，步步接近天道。最好，自己也能通过有效修行，成为仙人的一员。

道教后来渐渐融合儒学和佛学的精神，使自己的体格扩大，也曾参与社会治理。但是不管怎么变易，它的核心优势，仍然是养心、养气、养身，而且以养身为归结。这也是它与儒家、佛家不同的地方。

在养身的问题上，道教虽然有很多规章仪式、气功程序，但主要还是信赖自然所赐的物质，来行医，来炼丹。道教相信，大自然已经布施了各种生机，人们只要寻找、采撷、熔炼。

道教的行医专家，几乎囊括了中国医学史上的绝大多数高位，为这个人种的健康贡献巨大；道教的炼丹专家，虽然失误颇多，却也取得了一系列让人惊叹的化学成果，造福后人。在这个过程中，他们还会仰察天文、俯瞰地理、卜算阴阳、勘察风水，让人们在宇宙天地的大包围中，获得一片片不大的庇荫。

对于天地自然，他们除了研究，更是崇拜。他们坚信人世间一切重要的命令，都来自天地自然。因此，参赞天地、回归自然，是他们的人生使命。他们反对一切违逆天地、脱离自然的行为。

　　道家认为，人只有"参赞天地"，才能融入自然，让自己的生命成为一个"小宇宙"。大、小宇宙的呼应对话，构成"天人合一"的庄严结构。

　　道教相信，天体的"大宇宙"和生命的"小宇宙"是同一件事，因此人的生命就有可能"长存不死，与天相毕"。

　　在道教的思维系统中，把"大宇宙"和"小宇宙"连在一起的是气。他们认为，天、地、人都生成于气，又以气相互沟通。道家所谓养生，其实就是养气。所养之气，就是元气。

　　元气，宏大又纯净，纯净到如婴儿初生时的那种无染气息。一旦杂气干扰，元气就无法完足。元气因为是出生之气，必然长保新鲜，永远富于创造力。道家在气功中所实施的"吐故纳新"，就是要用吐纳的方式保养住这种新鲜而富于创造力的初生之气。

　　道教主张从"大宇宙"提取一些元素来接济"小宇宙"，这就是采撷自然界的草木、矿物、金属制成丹药来治病养生。无数炼丹炉，也就燃烧起来。更多的采药箱，也就转悠在山河大地之间。

在千余年的丹炉边、草泽间，道教方士们常常显得手忙脚乱。但是，他们治病养生、养气护生的初衷并没有错。在地球的每一个角落，人类为了救助自己的生命做了多少实验啊，有的实验大获惊喜，有的实验痛心疾首，这个过程至今还在延续。

中国首位获诺贝尔医学奖的屠呦呦教授，因发明了青蒿素的药剂而救活了世界上几百万人的生命。屠呦呦坦承，自己对青蒿素的注意，最早出自葛洪的著作。葛洪，前面说到过，是系统整理道教教义体系第一人，但他更是一位具有里程碑意义的道教药学家。屠教授获奖，也给这位一千七百多年前的探索者送去了掌声。这掌声，也应属于道教。

至此，我们用最简约、最通俗的语言讲完了道家。这样，本课程也就完成了对儒家、佛家、道家三大思想体系的入门性介绍。

接下来，我们将面对一个更复杂的课程安排，那就是解答中国文化为什么能成为人类古文化中唯一的幸存者。

这个问题，前辈学者不太注意，因为他们常常处于国力凋敝、任人宰割的时代，很难正视中国文化的强劲生命力，而且，他们也没有到全球各地进行对比性考察的条件。到了我们这一代，情况发生了变化，我所遇到的世界各国高层学者与我讨论最多的总是这个问题，而我本人则下了很大的决心，花费几十年时间对这个问题进行考察和研究，走遍了全球所有重大的古文化遗址。

我在纽约联合国总部和世界多地都演讲过这个题目，每次演讲都很冗长。估计青少年读者没有耐心听那么多，那就选几条最简单又最重要的，讲一讲。

第三十一节
中国文化长寿原因之一：体量巨大

　　我冒着生命危险考察了人类绝大多数重大古文明遗址后，曾在尼泊尔的一个小山村，面对着喜马拉雅山的宏伟山壁想了很久。我想得最多的，是目睹的一系列最辉煌的文明发祥地，现在几乎都衰落了。那么，中国文化为什么能单独活了下来？

　　先说第一项原因：体量巨大。

　　一种文化所占据的地理体量，从最原始的意义上决定着这种文化的能量。照理，小体量也能滋生出优秀文化的雏形，但当这种雏形发育长大、伸腿展臂，小体量就会成为束缚。

　　中国文化的体量足够庞大。与它同时存世的其他古文化，体量就小得多了。即便把美索不达米亚文化、埃及文化、印度文化、希腊文化发祥地的面积加在一起，也远远比不上中国文化的摇篮黄河流域。如果把长江流域、辽河流域、珠江流域的文化地域都算上，那就比其他古文化地域的面积总和大了几十倍。

不仅如此，中国文化的辽阔地域，从地形、地貌到气候、物产，都有极多差异。永远山重水复，又永远柳暗花明。一旦踏入不同的地域，就像来到另外一个世界。相比之下，其他古文化的地域，在生态类别上都比中国单调。

中国文化的先祖们对于自己生存的环境体量，很有感觉，颇为重视。虽然由于当时交通条件的限制，他们还不可能独自抵达很多地方，却一直保持着宏观的视野。两千多年前的地理学著作《禹贡》、《山海经》，已经表达了对于文化体量的认知。后来的多数中国文化人，不管置身何等狭小的所在，一开口也总是"天下兴亡"、"五湖四海"、"三山五岳"，可谓气吞万里。这证明，中国文化从起点上就对自己的空间幅度有充分自觉，因此这种空间幅度也就转化成了心理幅度。

在中国文化的巨大体量四周，还拥有一道道让人惊惧的围墙和隔离带。

一边是地球上最密集、最险峻的高峰和高原，一边是难以穿越的沙漠和针叶林，一边是古代航海技术无法战胜的茫茫大海，这就保障了中国文化群体在生态底线上的整体安全，也构成了一种内向的宏伟。

这种内向的宏伟，让各种互补的生态流转、冲撞、翻腾、互融。这里有了灾荒，那里却是丰年。一地有了战乱，可以多方迁徙。十年河东十年河西，沧海桑田未有穷尽。这种生生不息的运动状态，潜藏着可观的集体能量。

由地域体量转化为集体能量，其间主体当然是人。在古代，缺少可靠的人口统计，但是大家都知道自己生活在一个规模巨大的群体中。

现代的研究条件，使我们已经有可能为先辈追补一些人口数字了。先秦时期，人口就有两千多万；西汉末年，六千万；唐朝，八千万；北宋，破亿；明代万历年间，达到两亿；清代道光年间，达到四亿……。这中间，经常也会因战乱、灾荒和传染病而人口锐减，但总的来说，中国一直可称为"大山大川中的人山人海"。正是这庞大的地域体量和人群体量，中国文化有了长寿的第一可能。

第三十二节
中国文化长寿原因之二：从未远征

地域体量和人群体量所转化成的巨大能量，本来极有可能变为睥睨世界的侵略力量。但是，中国文化没有做这种选择。这，首先与文明的类型有关。

世界上各种文明由于地理、气候等宏观原因大体分成三大类型，即游牧文明、航海文明和农耕文明。中国虽然也拥有不小的草原和漫长的海岸线，但是核心部位却是由黄河、长江所灌溉的农耕文明，而且是"精耕细作"型的农耕文明。草原，是农耕文明"篱笆外"的空间，秦始皇还用砖石加固了那道篱笆，那就是万里长城。而大海，由于缺少像地中海、波罗的海这样的"内海"，在古代航海技术的限制下，中国文化一直与之不亲。

游牧文明和航海文明都非常伟大，却都具有一种天然的侵略性。它们的马蹄，常常忘了起点在何处，又不知终点在哪里。它们的风帆，也许记得解缆于此岸，却不知何方是彼岸。不管是终点还是彼岸，总在远方，总是未知，当然，也总是免不了剑戟血火、占领奴役。与它们相反，农耕文明要完成从春种到秋收的一系列复杂生产程序，必须聚族而居、固守热土。

这种由文明类型沉淀而成的"厚土意识"，成为中国文化的基本素质。"厚土"，当然会为了水源、田亩或更大的土地支配权而常常发生战争。但是，也因为"厚土"，他们都不会长离故地，企图攫取远方异邦。二〇〇五年我在联合国世界文明大会上做主旨演讲时，曾经说到了中国航海家郑和。我说，他先于哥伦布等西方航海家，到达世界上那么多地方，却从来没有产生过一丝一毫占取当地土地的念头。从郑和到每一个水手都没有，这一例证最雄辩地证明，中国文化没有外侵和远征的基因。

在古代世界，不外侵，不远征，也就避免了别人的毁灭性报复。纵观当时世界别处，多少辉煌的文明就在互相征战中逐一毁灭，而且各方都害怕对方死灰复燃，因此毁灭得非常残忍，不准留下任何文化记忆。反过来说，如果哪种文明在远征中战胜了，那也只是军事上的战胜，而军事战胜总是暂时的。在古代世界史上，很多军事战胜恰恰是文化自杀。文化被绑上了战车，成了武器，那还是文化吗？文化的传承

郑和（吴为山雕塑作品）

者全都成了战士和将军，一批又一批地流血捐躯在异国他乡，哪怕是在哪里掌了权，自己本身的文化还能延续吗？

因此，正是中国文化不外侵、不远征的基因，成了它不被毁灭的保证。当然，中国历史上也有很多内战，但那些内战打来打去都是为了争夺中国文化的主宰权，而不是为了毁灭中国文化。因此，不管在内战中谁败谁胜，对文化都不必过于担心。

第三十三节
中国文化长寿原因之三：以统为大

一个庞大文化实体的陨落，不会刹那间灰飞烟灭，而总是呈现为逐渐分裂，直至土崩瓦解。

而且，恰恰是大体量，最容易分裂。如果长期分裂，大体量所产生的大能量不仅无法构成合力，还会成为互相毁损的暴力。中国历史上虽然也出现过不少分裂时期，但总会有一股强劲的力量把江山拉回统一的版图。中国文化的长寿，也与此有关。

照理，统一有统一的理由，分裂有分裂的理由，而且都十分雄辩，很难互相说服。真正说服我的，不是中国人，而是德国学者马克斯·韦伯。他没有来过中国，却对中国有特别深入的研究。他说，中国文化的生态基础是黄河和长江，但是，这两条大河都流经很多省份，任何一个省份如果要凭借着黄河、长江来坑害上游的省份或下游的省份，都轻而易举。因此，仅仅为了治河、管河，所有的省份都必须统一在同一个政府的统治之下。他不懂中文，但是来过中国的欧洲传教士告诉他，在中文中，统治的"治"和治水的"治"，是同一个字。这样，他也就为政治生态学找到了地理生态学上的理由。这样的文化阐释，论证了作为中国文化根基的农耕腹地，不应该长时间分裂和敌对。

其实，早在《尚书》《公羊传》、孟子、墨子、申不害那里，就一再出现过"一匡天下""大一统"的观念，而从秦始皇、韩非子、李斯这些政治家开始，已经订立种种规范，把统一当作一种无法改变的政治生态和文化生态。其中最重要的规范，就是统一文字。这在本书前面的章节中已经说过了。除文字外，秦王朝还统一了度量衡，统一了车轨道路，以九州一统的郡县制取代了分封制。总之，都与"大一统"有关。

必须指出，秦王朝统治者的"一匡天下""大一统"，完全是为了建立独家独姓的极权帝制，其间的种种残暴、蛮横令人发指，不应该获得太多颂扬。事实上，他们也早早地断送了自己的生涯。但是，他们留下的有关"大一统"的文化遗产，将哺育此后一个个追求统一的王朝。

在他们身后的两千年间，出现了大批着力于统一或分裂的人。两批人，都鱼龙混杂。人们经常可以看到那些强踞一方而自立为王的分裂主义者，反过来，又可以看到不少以统一为名试图推行独裁专制的政治人物，因此，我们不能简单以统一还是分裂来断其善恶。但是，如果以概率论统计，两相比较，往往是那些着力于统一的人更有远见。他们中的杰出人士，因大器而握大脉、控大局，是统裂之间的"大者"。由于他们，中国一次次由分裂走向统一；也由于他们，多数中国人在文化上养成了作为大国国民的心理适应。

正是这种心理适应，指引着历史的步履，使中国和中国文化始终没有分崩离析。

第三十四节
中国文化长寿原因之四：避开极端

一看标题就明白，我是在说中庸之道。

如果对中庸做最简单的解释，那么，中，是指中间值；庸，是指寻常态。正是这两方面，构成了普遍意义上的延续态势。

中庸与时间有奇特姻缘。无数事实证明，有了中庸，就能拥有更多时间；反之，放弃中庸，则会让时间中断。

中国的历史那么长，遭遇的灾祸那么多，在很多时候似乎走不过去了，就像世界上其他伟大文明终于倒地不起一样。但是，中国却一次次走通了，越过了灾祸，越过了灭亡，踉踉跄跄地存活了下来。细察每一个生死关口就能发现，正是中庸，发挥了重要作用。

中庸为何能避祸、避亡？原因是，它避开了在关键时刻最容易出现的各种极端主义。

极端主义极有魅力，可惜时间不愿意与它站在一起。极端主义的口号响亮爽利，令人感动；极端主义者就像站在悬崖峭壁边上的好汉，浑身散发着英雄的光辉。因此，总是拥有大量的追随者、崇拜者、死忠者，劝也劝不回。但是，对于广大民众来说，口号不是路标，好汉不是向导，悬崖不是大道。接下来的路，该怎么走呢？

其实已经无路，虽然还会闹腾一阵子，但事情已经结束，时间已经扭头。这就是响亮的短命、激烈的速朽。

极端主义者不仅割断时间，而且也割断空间。他们迟早连追随者的劝告、建言、修正也无法容忍，把这些伙伴当作叛逆者一一驱逐，孤苦伶仃地坚守着越来越局促的"原教旨主义"。于是，空间的局促又加剧了时间的短促，覆灭不可避免。

中庸与他们一比，总是那么平淡、那么家常、那么低调，引不来任何喝彩和欢呼。中庸只在轻脚慢步地四处探问，轻声慢语地商量劝说。但是，过不久，一条小路找到了，一种谅解达成了，一番口舌删掉了，一场恶斗让过了。看起来好像什么也没有发生，只不过大家都可以活下去了，而且是平顺地活下去了。

中国文化在整体上拒绝极端主义，信奉中庸。古代经典在这个问题上的反复教导深契大地人心，结果，即便是那些很容易陷入极端主义的外来宗教，一与中国文化接触便减去了杀伐之气，增添了圆融风范。

为什么在各大文明间，只有中国能够全方位地实践中庸？说到底，这还是与农耕文明相关。农耕文明靠天吃饭，服从四季循环，深知世上难有真正的极端。冬天冷到极端，春色渐开；夏天热到极端，秋风又起。这种"天人合一"的广泛体验经由《周易》提升，儒家总结，也就成为文化共识。世界上，其他宗教和哲学，也都有过"中道"的理论，但是，只有中国，让中庸在世俗生活中长久普及，成了一种谁都无法忽略的实践形态。

正是这种实践形态，避免了中国文化在悬崖边坠落。

第三十五节
中国文化长寿原因之五：科举制度

各种长寿原因，在实际执行中，还应该落实在一个具体项目的操作上。这个具体项目，自己也要颇为长寿，有时间陪着中国文化走过千年长途。

这个项目，就是科举制度。正是科举制度，使中国文化拉出了一条通向长寿的特殊缆索。

对于中国古代的科举制度，我曾写过长文《十万进士》，这里就不再重复了。我只想让大家发出一种惊叹：这是谁想出来的好点子呀，工程那么大，功能那么全，对中国文化护佑了那么久！又大、又全、又久到什么程度？且听我略举几端。

第一，世界上其他重要文化的溃灭，首先溃灭于社会乱局。因此，必须选取足够的社会管理人才。科举制度的使命，正是以文化考试的方式选拔各级社会管理人才，保全了文化的土壤。

第二，世界上其他重要文化也曾建立过良好的管理系统，但是如果地域较大，各地的管理者容易自立格局、自选下属，时间一长，便会与周边产生裂隙。而科举制度，则全国统一。以统一的标准、统一的机构完成统一的选拔，这从文化上堵塞了分裂的可能，反过来又保护了文化。

第三，世界上其他重要文化由于没有建立代代延续的选拔机制，几代之后就会难以为继。科举制度保证每隔三年提供大量管理人才，源源不断。这是中国文化保持有序延续、有效延续的重要原因。

第四，源源不断的管理人才的产生，必须依靠丰沛的应试资源。科举制度对此创造了一个千年实践：在中国，不分地域、不分门庭、不分职业、不分贫富，只要是男性，都有资格参加选拔。在唐代，连外国人也能应试。这种全民动员，不仅使得备考的生源十分充沛，而且极大地强化了文化在全社会的整体生命力和号召力。

第五，社会上最容易产生焦躁动荡的群体，就是青年男子。科举制度让全国这一群体的很大部分，都成了极为用功的备考人员、应试人员，而且很多人屡败屡考，终生应试。这就让社会提高了安全系数，而且安全在文化气氛中。

第六，如此规模的考试，所出试题必然会在很大程度上左右整个国家的文化选择。科举考试越到后来越明确，以儒家经典为主要考试范围。这一来，全国千万青年男子，也就为了做官而日夜诵读儒家经典，诵读到滚瓜烂熟，一年又一年，一代又一代。他们的初衷，只为个人前途，但结果是，那些儒家经典受到无数年轻生命的接力负载，变得生气勃勃。这可谓，经典滋养生命，生命滋养经典。后一种滋养，更是让经典永显青春血色，举世无双。

第七，这么多由诵读经典而终于为官的书生，有没有能力参加社会管理？正巧，他们为了应试而天天诵读的，不是旷世玄学，不是古奥经文，不是隐士秘籍，而是"修身、齐家、治国、平天下"的大道理。拿着这些大道理去做县令、太守，大致属于"专业对口"。于是，社会治理和文化传承相得益彰。

第八，科举考试并不看重天才勃发、奇思妙想，而总是安排刻板的格式，后来甚至限定了"八股"模式。这会让李白这样的稀世天才难以进入。但是，由于科举考试的目的只是选拔官员，而不是培养诗人，因此这样的安排并无大错。官员将来要做什么？在多数情况下，也就是在刻板的格式中规矩行事，有所创新也不失前后左右的基本关系。那么，科举考试就是对行政模式的预示。李白不适合从事管理职务，因此不能以他的缺席来非难科举。科举如果随兴而不刻板，那就长不了，结果也就无法辅佐中国文化走长路。

第九，科举考试总体上公平严格，却也会有一些作弊的所谓"科场案"。由于这种案件直击吏治命脉，每次都采取酷刑严罚，引起社会广泛关注。民众由此明白：做官以文化入场，对此绝不能作弊。这种共识极大地提升了文化对于官场伦理的奠基性价值，这在世界其他文化系统中看不到。

仅此九端，已经足以说明科举制度对中国文化的长寿所起到的作用。

确实，我环视全世界，没有发现还有哪一种体制，能像科举制度那样发挥如此全面、有效、长续的文化守护功能。不必怀疑，它是中国文化长寿的归结之因。

但是，由于一些在科举考试中失败的文人写了不少批判作品行世，它的名声渐渐受污。在考试内容上，后来它确实也跟不上自然科学和国际政治的迅猛发展，成了一个备受攻击的对象。似乎，中国的落后，全是因为它。

一九〇五年，经袁世凯、张之洞等人的上奏，慈禧太后批准，科举制度在存世一千三百年之后彻底废止。废止之时，异议不多，但在废止之后，渐渐出现了不少反思的声音，其中就有梁启超和孙中山的声音。他们都不是保守派、复古派，却都在叹息，科举考试废止得太草率了。

好，我终于把中国文化长寿的原因，也就是中国文化生命力的优势，做了最简单的摘要介绍。

由于近两百年的世界局势，中国文化的生命优势几乎全部被掩盖了，甚至被曲解成了劣势。这种负面处境又激发了一些官员和文人的另类偏激，极言中国文化的至高无上，甚至把其中大量腐朽、专制、低智的糟粕也名为"国粹"涂脂抹粉，结果更是极大地玷污了中国文化的基本形象。

值得高兴的是，对中国文化完全熟视无睹的时代好像已经过去。即便在遥远的地方，兴趣的目光也开始向中国文化移动。看来时至今日，中国文化已经逃不过关注、跟踪了。世界上唯一长寿的超大文化，理应不卑不亢地等待别人的提问，再从容不迫地做一些解答。一代代解答，一代代倾听，一代代改进。过后，又要有新的解答、新的倾听、新的改进。我想对今天的年轻读者说，再过几十年，由于你们和你们儿孙的努力，中国文化一定会以一个更健康、更平静的姿态出现在世人面前而真正受人喜爱。对此，我要预先感谢。

第三十六节
中国文化的弱项

　　课程讲到今天，几乎都在陈述中国文化的长处。现在，按照理性逻辑，不能不讲它的短处了。

　　这种讲述，不是为了揭丑，而是试图以国际宏观视野来获得文化上的自我省识。

　　把中国文化放到目前全人类高层智者公认的文明基座上，它显现出了三方面的明显差距。一在公共空间，二在实证意识，三在创新思维。让我们一一讲来。

　　中国文化的弱项之一：漠视公共空间。

　　公共空间（Public space）作为一个社会学命题是德国法兰克福学派重新阐释的，但从古希腊民主派开始已经有所关注。

　　欧洲文化对公共空间的真正高度重视，是从危及所有人生命的公共卫生灾难"黑死病"中获得的生死教训。防止病疫传染，这件事没有地域、阶级、家属的区分，连朝廷、贵族、政客的权势也吓阻不了疫情，这才使全社会明白了何谓关系集体生存质量的"公共空间"。

中国文化对"公共空间"的概念，一直比较陌生。历来总是强调，一个君子应该上对得起社稷朝廷，下对得起家庭亲情，所谓"忠孝两全"。但是，有了忠、孝，就"全"了吗？不。在朝廷和家庭之间，有辽阔的"公共空间"。

中国文化在这个问题上最大的盲点，是把朝廷的体制当作"公共空间"。结果，很多民众具有"服从意识"而没有"公民意识"。

这种思维方式和行为方式，有时候看上去很琐碎，却体现了一种文化的整体弊病。

我在国外游历时，经常听到外国朋友抱怨中国游客随地吐痰、高声喧哗、在旅馆大堂打牌等行为，认为没有道德。我往往会为自己的同胞辩护几句，说那个高声喧哗的农村妇女，个人道德其实不错，我听说她手里牵着的，是两个"地震孤儿"。她的失态，只是因为不知道公共空间的行为规范。责任不在他们，而在中国文化。当然，这样的事说到底确实也与道德有关，那就是缺少社会公德。

公共空间，中国传统社会中也有近似的概念，例如"天下"、"九州"、"尘世"、"百姓"，但是一说就变成俯视苍生的高谈阔论，几乎不会想到需要民间社会每个人都承担的一系列行为规范。

　　公共空间的行为规范被顶替的现象，在现代的日常生活中仍然随处可见。这种顶替，往往是以一大堆空洞杂乱的公共话语取代了切实可见的公民行为。

　　例如，现在有一些大城市的出租汽车司机都非常健谈，如果车程比较长，他们会大谈国际新闻，还会做出很尖锐的社会评论，充分显示他是一个有着鲜明观点的公共人物。有一次我搭车正好遇到这样一位司机，在大声谈论的时候，突然把头冲向窗外大骂一位步履迟缓的老人，骂完以后又开始超车改道。一辆救护车鸣着警笛从后面过来，周围很多车都不让道，我劝他让一让，他居然笑眯眯地说：“别理它，走我们的。”

　　你看这位司机，成天转悠在公共空间，既有国际意识，又有新闻意识，还有传播意识，恰恰缺了公德意识，但他没有意识到这一点。他好像无所不知，无所不评，高谈阔论，俯视千秋，却从来不会对此时此刻周边的他人提供太多的友善。

　　公共空间，以社会成员解除权力身份、财富身份、学历身份、民族身份、国家身份隔阂之后的平等心理为基础。大家所企盼的公民意识，也由此派生出来。

社会公德，是一种不必哪个权势者下令就能在公共空间看到的行为习惯。具有这种行为习惯的人，就是合格的公民。得到传染病信号，听到救护车鸣笛，看到残疾人过路，遇到小学生放学，都会在第一时间几乎本能地知道该怎么做。这中间，没有任何权势摆布，没有任何空话的效应，没有任何界限的划分。

对一切弱势群体的关爱，对一切求助者的回应，都属于公德的基础行为。这里所说的"一切"，是指任何公共空间中的任何人。英国哲学家罗素在九十多年前批评中国人"对人道主义的冷漠"，其实也就是对公共空间的冷漠。

为什么会产生"对人道主义的冷漠"呢？不是中国人不善良、不仁慈，而是中国文化虽然也强调"人文"，却没有对"人"这个概念在公共空间中的普遍意义，进行过太多的思考。

中国文化为了社会管理，思考过"王道"和"霸道"，为了家庭伦理，思考过"妇道"和"孝道"，甚至为了文化传承，还思考过"师道"和"学道"。在这么多"道"中间，独独少了一个"人道"。一个普遍意义上的"人",被种种的社会职能分割了。其实,这也是对公共空间的分割。因为只有普遍意义上的"人",才是公共空间的唯一主角。

中国文化的弱项之二:忽视实证意识。

实证意识的匮乏,使中国文化长期处于"只问忠奸,不问真假"的泥潭之中。其实,对真假无法实证,其他一切都失去了基础,甚至走向反面。现在让人痛心疾首的诚信失落,也与此有关。假货哪个国家都有,但对中国祸害最大;谣言哪个国家都有,但对中国伤害最深。这是因为,中国文化历来不具备发现虚假、抵制伪造、消除谣言的机制和程序。

多年来我发现,在中国,不管什么人,只要遇到了针对自己的谣言,就无法找到文化本身的手段来破除。什么叫"文化本身的手段"?那就是不必依赖官方的澄清,也不必自杀,仅仅靠着社会上多数民众对证据的辨别能力,以及对虚假的逻辑敏感,就能让事实恢复真相。对此,中国文化自古从来都无能为力。本来,传媒和互联网的发达可以帮助搜寻证据、破除谣言,但事实证明,它们在很大程度上反而给谣言插上了翅膀,使其漫天飞舞。

造成这种无可奈何的结果，有着深远的历史原因。

黄仁宇教授幽默地用一个现代概念来归纳中国历史的主要弊病，那就是严重缺少"数字化管理"。他随手举了明代的几个例子，给人留下很深的印象。比如，朝廷的原始资料《明实录》中，曾经记录嘉靖年间有一次铸钱九千五百万贯。实际上，这个数字，是整个明代两百多年间铸钱总数的十倍以上，是当时所有铸钱厂最高生产能力的百倍以上。更荒唐的是，一大批能够直面这些数字的奏报者、统计者、记述者、抄录者、校核者和查阅者，全都毫不在意。

又譬如，朝廷档案中记录全国军屯的粮食，居然在一五〇五年到一五一八年整整十四年间，都是一百零四万又一百五十八石，一石不多，一石不少。这么大的国家的粮食贮存，怎么可能十多年没有丝毫变动呢？这可以肯定，是后来那么多年都照着一个数字抄下来的。至于那个原始数字是不是准确，也真是天晓得了。

其实，数字上发生的问题，反映了对真实性的漠视，也就是实证意识的淡薄。

写过《中国科学技术史》的著名汉学家李约瑟博士，把中国人实证意识的淡薄的主要原因归于中国式的官僚主义。

他认为，正是这种官僚主义，漠视自然法则的真实性。古希腊哲学以自然为法则，而中国文化则以等级为法则。

李约瑟认为，中国式的官僚主义从以下四方面贬低了真实的价值。

第一，把褒贬置于真实之上。不追求事实真相，只追求千古定论。由此出发，认为天下之事要分忠奸、正邪、功过、是非，却不在乎真伪。

第二，把仪式置于真实之上。仪式需要种种"假借"，把君主制度"假借"成天地规范，因此也就让朝廷旨意"假借"成了自然法则。这样一来，朝廷的善恶智愚就失去了评判机制，使整个社会在最高层面上失去了真伪，也使得社会最低层面的真伪不受控制。

第三，把理想置于真实之上。这种理想还只是统治者的理想，与社会现实脱节，却又自上而下向社会底层挤压。但是，由于社会底层的真实活力没有被调动起来，这种挤压最终无效，因此使理想也失去了真实性。

第四，对制度之外的真实予以否定。这是中国式的官僚主义承袭了"天无二日"的独大性。这种独大性，对于真实存在的异端，对于体制之外的生态，都采取不承认的态度。

结果，体制内的封闭存在与社会真实越来越远。

　　如此一二三四，时间一长，中国人的真实观念也就渐渐淡薄。

　　中国文化缺少真实，恰恰是因为不懂得如何"证伪"。所谓"证伪"，也就是用科学证据来证明，虚假之为虚假。在中国，除非发生了严重的司法案件，人们还不习惯于随时进入"证伪"思维使之变为一种文化。

　　当然也识破过很多虚假，但是，究竟是怎么识破的呢？缺少一个严密的、公认的程序。我们往往喜欢泛泛地做一点儿精神安慰。譬如"真的假不了，假的真不了"、"身正不怕影子斜"、"真金不怕火炼"，再不行，就说"群众的眼睛是雪亮的"。但实际情况如何呢？我们一次次看到，正是在无数群众雪亮的眼睛前，真实被烧成了灰烬，而虚假却成了舆论，甚至还成了历史定论。

　　中国文化的弱项之三：轻视创新思维。

　　全世界的智者都明白，任何文化的生命力都在于创新，而不是怀古。要怀古，比中国更有资格的是伊拉克和埃及。但是，如果它们不创新，成天向世界讲述巴比伦王朝和法老遗言，怎么能奢望在现代世界找到自己的文化地位？

在文化判断力有待提高的现代中国，社会关注是一种集体引导，传播热点是一种心理召唤。倚重于此，必然麻木于彼。多年下来，广大民众心中壅塞了很多被大大美化了的历史累赘，却没有提升文化创新的激情和敏感。

复古文化在极度自负的背后隐藏着极度的自卑。因为这股风潮降低了中国文化与世界上其他文化进行平等对话的可能，只是自娱自乐、自产自销、自迷自醉。

这种复古思潮，还包括对近百年文化的过度夸耀。例如在我生活时间较长的上海，一些人对二十世纪二三十年代的"夜上海"、"百乐门"的滥情描述，以及对当时初涉国际的"民国学人"、略有成绩的"民国作家"的极度吹捧，就完全违背了基本的学术尺度，贬损了一个现代国际大都市的文化格局。这些年各地还把很多处于生存竞争过程中的民间艺术、地方戏曲，不分优劣地当作"国家遗产"保护了起来，把它们称作"国粹"、"省粹"、"市粹"，顺便，还把上年纪的普通演员、老一代的民间艺人一律封为不可超越的"艺术泰斗"、"文化经典"。

尤其值得警惕的是，当陈旧的文化现象被越吹越大，创新和突破反倒失去了合法性。

中外历史已经无数次证明，一个国家的文化兴衰，完全决定于能否涌现大批超越传统的勇敢开拓者。

中国文化在创新思维上的淡薄，在绝大多数情况下，都与"遗产迷思"有关。保护文化遗产，本来是一个很好的想法，但一旦过分，必然变成了阻碍创新的惰性巨障。

对文化遗产进行最懂行的选择，这事倒是由乾隆皇帝发起的。那工程，就是编《四库全书》。

乾隆皇帝指派当时最有学问的纪晓岚，领了一大批学者，进行历史上规模最大的文化选择。从一七七三年到一七八二年，花了十年时间，从图书的收集、衡量，到判断、抄写，做得很成功，充分体现了当时中国高层知识分子的学术能力。这项文化工程几乎囊括了中国文化自古以来绝大部分的重要文献，被称作"文化上的又一座万里长城"。《四库全书》永远值得崇敬，但作为现代文化人也忍不住要问一句：就在中国高端知识分子合力投注《四库全书》的这十年间，西方发生了什么？

就在这十年中，瓦特制成了联动式蒸汽机，德国建成了首条铁铸的路轨，英国建成了首座铁桥，美国在波士顿成立了科学学院，还有一对兄弟发明了热气球，实现了第一次自由飞行，卡文迪许证明了水是化合物。

也许有人会说，你指的是物质科学，西方确实走到了前边，我们中国重视的是精神领域。是这样吗？好像也不太对。因为就在这十年当中，创立"人性论"的休谟、创立"国富论"的亚当·斯密、创立"社会契约论"的卢梭，都完成了自己一系列的重要学说，而伏尔泰、莱辛、歌德、孔狄亚克也都发表了自己关键性的著作。

我们在搜集古代文献，他们在探索现代未知；我们在注释，他们在设计；我们在抄录，他们在实验；我们在缅怀，他们在创造……

这里出现了两个完全不同的文化方向。半个多世纪之后，一场近距离的力量对比，使庄严的中国文化不得不低头垂泪了。这场对比，引发了中国文化后来大量的激进话语和争斗话语，但是结论性的话语却是那么简单，那就是：创新、创新、创新！

由于方向出了问题，中国近几百年来，一直把对文化遗产的保护，当作封闭排外的武器，造成了一起起不愉快的事情。这已经变成了一种"思维架构"，因此直到今天还应该

欽定四庫全書

經部

毛詩講義卷二

《四库全书》书影

反思。

对创新思维上的轻视早已超越学术范围，变成了一个国家、一个民族在关键时刻的文化选择，实在是生死攸关的大事。在这种文化选择中，创新型人格和复古型人格近距离对峙，这又牵涉到了我们课程开头有关文化的定义，也就是出现了集体人格之间的较量。

漠视公共空间、忽视实证意识、轻视创新思维，把三个加在一起，漠视、忽视、轻视，好像是我们的"视觉"有问题，其实是中国文化的"遗传顽症"，也是中国历史曾经从大发展转向大衰落的自身原因。

如果我们希望从整体上提高民族素质，谋求健康前景，就应该正视这些弊端，万不可讳疾忌医。

图书在版编目（CIP）数据

给青少年的中国文化课 .1，了解这些难题 / 余秋雨
著 .— 北京：北京联合出版公司，2020.6（2021.1 重印）
ISBN 978-7-5596-4143-4

Ⅰ . ①给… Ⅱ . ①余… Ⅲ . ①中华文化 – 青少年读物
Ⅳ . ① K203-49

中国版本图书馆 CIP 数据核字（2020）第 057987 号

给青少年的中国文化课 .1，了解这些难题

作　　者：余秋雨
责任编辑：管　文
排版制作：今亮后声 HOPESOUND
　　　　　pankouyugu@163.com

北京联合出版公司出版
（北京市西城区德外大街 83 号楼 9 层　　100088）
河北鹏润印刷有限公司印刷　　新华书店经销
字数 118 千字　880 毫米 ×1230 毫米　1/32　印张 7.5
2020 年 6 月第 1 版　　2021 年 1 月第 3 次印刷
ISBN 978-7-5596-4143-4
定价：32.00 元